"促进主动学习的英语阅读课堂教学改进行动"丛书

Action Research Series on Facilitating Active Learning in the EFL Reading Classroom

■ 丛书主编 葛炳芳

U0739105

主动学习视阈下的
英语阅读教学：活动参与

Facilitating Active Learning in the EFL Reading Classroom:
An Active Engagement Perspective

························ ◎ 徐　钰　洪燕茹　楼优奇

丁亚红　琚玲玲　　　　著

ZHEJIANG UNIVERSITY PRESS
浙江大学出版社
·杭州·

图书在版编目（CIP）数据

主动学习视阈下的英语阅读教学. 活动参与 / 徐钰
等著. — 杭州 ：浙江大学出版社，2025. 6（2025. 10
重印）. —（"促进主动学习的英语阅读课堂教学改进
行动"丛书 / 葛炳芳主编）. — ISBN 978-7-308-26240-8

Ⅰ. G633.412

中国国家版本馆 CIP 数据核字第 2025QR7322 号

主动学习视阈下的英语阅读教学:活动参与

徐　钰　洪燕茹　楼优奇　丁亚红　琚玲玲 著

责任编辑	陶　杭
责任校对	王同裕
封面设计	刘依群
出版发行	浙江大学出版社
	（杭州市天目山路 148 号　邮政编码 310007）
	（网址：http://www.zjupress.com）
排　　版	大千时代(杭州)文化传媒有限公司
印　　刷	杭州杭新印务有限公司
开　　本	880mm×1230mm　1/32
印　　张	4.25
字　　数	118 千
版 印 次	2025 年 6 月第 1 版　2025 年 10 月第 2 次印刷
书　　号	ISBN 978-7-308-26240-8
定　　价	28.00 元

丛书总序
FOREWORD

2009—2015 年浙江省高中英语教研聚焦"基于综合视野的英语阅读教学改进行动"这一主题开展了三轮研究,出版专著 15 册。该项研究强调了"内容、思维、语言"的融合,也重视阅读策略的体验式学习,其成果获得"2018 年基础教育国家级教学成果奖"一等奖。我有幸为这套专著写过三篇序。当时我的心情无比兴奋,就好比在"教材难度大""应试压力大"的阴云笼罩下看到了光芒,使我对英语教育发展增添了信心。

根据教育部颁布的《普通高中英语课程标准(2017 年版 2020 年修订)》(简称"课标")编订的高中英语教材已经投入使用了数年。我曾亲耳听到一位资深的英语教师说,尽管教材按照课标的精神要求培养核心素养编写,实际上课堂上还是"满堂灌,忙刷题"。这多少有点令我感到心凉。然而,去冬今春我陆续收到了浙江省教育厅教研室葛炳芳老师发来的"促进主动学习的英语阅读课堂教学改进行动"丛书书稿,研究课题为"主动学习视阈下的英语阅读教学",共设六个分题:1. 理论与实践,2. 自主提问,3. 活动参与,4. 回应所学,5. 意义建构,6. 师生责任,共六册书。数十位作者都很年轻,但都热情好学、勤奋读书、联系实际、钻研教学、集体磨课，以求最大限度调动学生的主动学习积极性。这些教师虽然年轻，可站得高、望得远、钻得深、干劲足，他们的课例几乎运用了人教版高中必修和必选的阅读与思考板块的全部课文。而且任课老师不怕评判，反复打磨，直至课题组成员都感到满意为止。我拿到这套书时正值数九寒天之际，而看到他们这种顽强拼搏的精神恰似初春的阳光温暖了我这颗年迈的心，也又一次扫除了我心中的雾霾。

这套书集中反映了近几年浙江省的一线老师利用新教材在贯彻高中英语课标精神的实践中的新创举，主要在原有的"英语阅读教学综合视野"理论的基础上，进一步开展了英语阅读课堂教学中学生主动学习能力培养的实践与研究。这完全符合教育部颁发的课标中提出的为立德树人，培养语言能力、文化意识、思维品质和学习能力核心素养的要求。英语教育中的知识和能力维度得到重视，以主题意义加工为核心的课堂教学思路得到认可，英语学习活动观得到贯彻，"教—学—评"一体化的理念得到广泛认同。梳理高中英语课标，我们发现，无论是"核心素养"，还是"教学建议"中提及的实施意见，归根到底，是要求广大教师重视培养学生主动学习、自主学习的能力。学生学会学习是学校教育的根本任务。

从研究教师的教到研究学生的主动学，这是一个不小的变革。自古以来，我们的课堂上一贯是老师教学生学、老师问学生答，其实，我们的先人孔子也曾鼓励弟子"敏而好学，不耻下问""博学而笃志，切问而近思"。然而，千百年来的科举制度遗毒未尽，至今应试教育致使课堂上仍然存在花大量时间刷题以应对高考的现象，哪能让学生主动发问并发表自己的独立见解啊！要知道，我们与西方教育的不同之处在于我们的学生勤奋好学、聪明善记、尊师重教，而独立思考、发现、发问、动手实践能力逊色。这也许是近百年我国科技落后的原因之一吧。为了彻底消除教育中的弊病，随着改革开放的深入，我国的教育不仅从突出智育转变为突出素质，而且当下提出为了发展新质生产力，教育亟须深化改革：课程体系更新、教学方法创新、评价体系改革,实现教育公平,开展国际化教育,培养具备探索未知世界的自主创新精神。可喜的是,目前高考制度也在改革,减少了唯一正确答案的试题,增加了跨文化语篇、考查独立思考和语言运用能力的试题。这对课堂教学改革产生了正能量。"主动学习视阈下的英语阅读教学"课题研究就是在这样的背景下进行的。

此课题的领导者葛炳芳老师首先从理论上阐述了主动学习能力是学生学习过程中的一种策略,是学习的体验,是心理活动,也是对自身能力的认识。它能使学生将新知与已知联系起来形成新的理解,能提高学习的兴趣,并提高学习的动机和信心。培养主动学习能力就要强调学生在课堂教学中的自主提问、活动参与、回应所学和意义建构等学习活动和过程,并以师生责任平衡去调整教与学的行为。这一理论,涉及英语阅读课堂教学的方方面面。葛老师在书中引用了马瑾辰老师的生动课堂教学,验证了该书所倡导的理论。

我虽不能亲临现场观摩课堂教学,但是丛书中的教学课例让我受益颇多。首先,我了解到教师如何以情感支持和鼓励提高学生的自主提问意识,并引导他们思考文本主题、内容、语体、语篇和语言、修辞等,设置疑问,互动探讨。学生由浅度思维提升为深度思考,由"不想"到"会想"到"善提问"。这无疑是教改中的一大进步。

除了要培养学生的自主提问意识,还要围绕主题意义,结合实际设计有层次性、关联性、综合性、迁移性、有效性的活动。为了激发学生积极主动参与,在意义协商中主动建构和完善自身的知识体系,活动必须给予学生尊重感、安全感、归属感和价值感,维护其主体地位。活动设计需要师生共建、同伴分享、小组合作、多维互动。活动形式多样,如小组讨论、角色表演、观看影剧、对话演剧等,此外,还可以采用比赛和评价的形式。

回应所学不是对教学内容的简单复述,而是通过内化所学知识,以深刻且富有见解的方式进行表述。为使学生进行综合性的回应,迁移和夯实所学内容、语言和提高思维能力,要设计引人入胜的语境,如运用多模态教学模式,可视性方式(绘图、思维导图等),采访,做项目等。书中有许多生动的例子,让学生在学习过程中进行有效监控、调整、协商、建构,最终理解主题,创建实践性强并具有创新思维的活动。

意义建构的过程中学生需要独立思考,主动探索文本,与文本进行多维对话和意义协商,形成对问题的观点和见解,构建对文本内容和主题意义的理解并表达"新"的思想。阅读中运用建构主义理论要求教师给予学生无干扰阅读的时间和空间,并适时给予指导,使学生能够自行梳理细节信息,对语篇内容进行深刻理解、阐释分析、判断推理等意义加工,亲历思考、比较和体悟。

主动学习视阈下的英语阅读教学中,师生的责任有所改变,教师由讲授者转为引导者,有协商、组织、激励、营造支持性环境的责任;学生由被动接收者转为主动探索者,自主阅读、思考提问、建构新知、感悟主题意义、创新表达。确定了RIAE①英语自主阅读教学路径,即"激活与关联"、"释疑与建构"、"评价与批判"及"运用与表达"。此外,教学反思与改进,不仅强调教师的反思和评价,更包括学生的反馈机制,使形成性评价得到真正的落实。教师设计符合学情的教学目标有利于因材施教,教师多样化的亲切语言会令不同层次的学生产生终生难忘的情感反馈。

课题研究组运用了大量的课例来验证上述理论。我饶有兴趣地阅读这些课例时,时常为其中精彩的段落所感动,特别是看到有的学生流畅地用口语或文字表达自己的见解时,我情不自禁地拍案叫好。对于教师提供的有效支架我也在批注中加以点赞。我多么希望能看到更多类似的教师研究行动,不仅限于听读理解,还有说写表达;不仅限于阐述,也要有辩论,更多地开展项目活动以发现学生的多元智能和创新思维;不仅有课本阅读,还有更多的学生自选的泛读。我还希望学生能利用多媒体资源、在线平台进行个性化学习,并利用选修

---

① RIAE:英语自主阅读教学路径,即 Relate(激活与关联)—Interpret(释疑与建构)—Assess(评价与批判)—Express(运用与表达)。

教材以充分发挥其自身的潜力。

　　近来,浙江等地在人工智能领域取得的成就举世瞩目,这表明,具有五千多年文明史的中国人不只会追赶,而定会超越西方,为世界做出更大的贡献。我坚信浙江省的基础教研工作者在已有成就的面前不会止步,而会继续砥砺前行,创造出更多成功的经验,为建设教育强国添砖加瓦,贡献自己的力量!

刘道义

2025 年 2 月 23 日

前　　言
SERIES EDITOR'S PREFACE

　　阅读文本之器，是字词句篇之形。读者依赖字词句篇、语修逻文，解码理解，加工意义；阅读文本之道，是人文生命精神。阅读，是感知、唤醒、体悟和激发；其对象，不仅仅是言语，更是思想、情感，甚至是精神创造。阅读是一个动态的意义建构过程。英语阅读教学中，学生要成为主动的阅读者和意义加工者。从教师的角度看，就是要在设计阅读教学活动时充分关注学生的安全感、归属感、尊重感、方向感，这是扎实开展自主学习、培养学生主动学习能力的前提。

　　2009—2015 年，浙江省高中英语教研牢牢抓住"阅读教学"这个"牛鼻子"，开展了三轮课题研究，出版专著 15 册，成果《基于综合视野的英语阅读教学改进行动》，获得"2018 年基础教育国家级教学成果奖"一等奖。该成果以"文本解读"为逻辑起点，以突破"教什么"带动英语阅读教学的改进。2023 年初，由我负责的"促进主动学习的英语阅读课堂教学改进行动"被立项为浙江省重点教研课题（课题编号：Z2023033）。我省的英语阅读教学研究又以"学习能力"为突破口，将显性的研究重心移到了"怎么教"：培养学生主动学习的能力。

这一研究由以下六个主题组成（括号内为各小组成员，其中第一位为组长）：

1. 主动学习视阈下的英语阅读教学：理论与实践（浙江省教育厅教研室葛炳芳）

2. 主动学习视阈下的英语阅读教学：自主提问（桐乡市凤鸣高级中学庄志琳、宋颖超、邓薇；桐乡市第二中学苏克银；桐乡市高级中学翁雨昕）

3. 主动学习视阈下的英语阅读教学：活动参与（金华市教育教学研究中心徐钰；浦江县教育研究与教师培训中心洪燕茹；浦江中学楼优奇；金华市外国语学校丁亚红；金华第一中学琚玲玲、张帅）

4. 主动学习视阈下的英语阅读教学：回应所学（温州市教育教学研究院丁立芸；温州中学蔡珍瑞、彭志杨、陈华露、蔡夏冰）

5. 主动学习视阈下的英语阅读教学：意义建构（杭州师范大学附属中学汪向华；杭州第四中学下沙校区印佳欢；杭州师范大学附属中学苏殷旦；杭州第二中学钱江学校马瑾辰；杭州师范大学附属中学丁楚琦）

6. 主动学习视阈下的英语阅读教学：师生责任（新昌县教育局教研室俞永恩；绍兴第一中学蔡红、沈剑蕾；新昌中学俞坚峰、言金莉）

在本研究中，我这样定义"主动学习"：在英语教学中，学生在教师指导下逐步开展自主提问，主动建构意义，主动运用所学建立文本、作者、世界和自我间的关联，表达新思想。这样的学习过程，就是促进学生形成主动学习能力的过程。从教师的视角看，促进主动学习的英语阅读课堂教学改进行动，始于教师对教学材料的深度解读，涉及文本内容从细节理解到概念化再到结构化的梳理和提炼，同时这个过程中的语言学习得到同步考量，并由文本内拓展到文本外进行"出口任务"的设计。在教学活动设计与实施的过程中，教师围绕自主提问、活动参与、回应所学和意义建构，聚焦基于意义加工的语言教学中的师生责任平衡，在不同阶段以不同的方式逐步发展学生的主动学习能力。

本研究不仅基于先前的研究而开展，研究的范式和各子课题主题设计的思路也相同。一是研究主题的重合。无论是自主提问、活动参与、回应所学、意义建构还是师生责任，都相互交叉。无论以哪个视角为切入点，都与阅读教学的方方面面有关。二是我们依然采用行动研究的方式，深入常态课堂，以改进课堂教学。特别是我们每次的研讨课都是以所在学校的"教材自然进度"确定开课内容，以落实"做真实教研"的信条。三是继续走"草根"之路，用案例说话，用行动改进说话。四是我们仍以"大课题—小课题"的方式开展研究，平时以小课题组成员的研究为主，但是每半年都组织一次"大课题组活动"，每一位成员都精心撰写并反思，并在全体成员面前分享各自的心得体会。

与过往课题研究不同的是，本课题研究的阶段性成果，都同步在全省的教研活动中得到推广，同步在全国各地的讲学中介绍，更是同步在全国各类期刊上发表。我们特别感谢《教学月刊·中学版（外语教学）》从 2024 年第 1/2 期合刊起，为我们开设了专栏，每期刊登 1 至 2 篇课题组成员撰写的论文。从言语行为的视角，我们可以把包括这些小册子在内的一系列成果看成"主动学习的实践话语（rhetorical practice of active learning）"。

本丛书源于我们这个团队的深入研讨和实践改进，源于这个团队的精诚团结和无私奉献，源于这个团队的智慧勤劳和磨法悟道，源于这个团队触发灵感的文献分享、一丝不苟的课例研讨、触动灵魂的研究交流、瞻前顾后的研究作风，源于这个团队两年多来对主动学习或者主动阅读"是什么？为什么？怎么做？做了又怎样？"等问题的不懈思考和实践印证。正是这一切，帮助我们建立和夯实培养主动学习能力的信念，改进阅读教学实践。

我国基础英语教育泰斗刘道义先生，自 2009 年的阅读教研课题起都一直关心、支持、教导和鼓励我们踏踏实实做教研。我们在 2011、2013、2015 年出版的小册子都是先生写的序。在这次课题研究成果出版之际，先生虽已 87 岁高龄，但仍欣然为我们作序。这实

主动学习视阈下的英语阅读教学···活动参与

在是我们莫大的荣幸。

在本丛书出版之际,我们特别感谢浙江大学出版社基础教育分社的编辑及营销团队,没有他们的帮助,我们的这些研究成果只能是"孤芳自赏",广大中学英语教师也就没有机会阅读到这些资料,提升自己的英语阅读教学思想。

当然,由于作者水平有限,研究精力有限,书中如有不当之处,当由作者负责。敬请读者通过 gbf789@126.com 邮箱与作者交流。

乙巳初春于西溪

本书作者序
INTRODUCTION

作为"促进主动学习的英语阅读课堂教学改进行动"的一项子课题，本书的主题是"主动学习视阈下的英语阅读教学：活动参与"。

我们重点围绕如何促进学生主动参与活动这一问题开展研究，通过阅读文献、小组讨论、课堂观察等方式，逐步理清研究方向和路径，确定了以阅读课堂的主要活动为依托来促进学生主动参与的研究思路。在研究的过程中我们发现，学生是否愿意参与活动以及参与活动的效果，与教师如何设计和实施活动有着密切的关系。鉴于此，我们从《普通高中英语课程标准（2017年版2020年修订）》的要求和外语课堂教学的根本任务出发，基于学生的认知规律和心理需求，通过大量的观察和实践，确定了阅读课堂的四个主要活动："激活与关联"、"提问与释疑"、"整合与建构"以及"运用与表达"，探索了对应的设计策略，并提出了充分时间、教师支持、多维互动以及有效评价等活动实施路径，以促进学生主动参与阅读课堂活动，实现主动学习。

本书共分五章。第一章"研究背景"主要介绍了"主动学习"和"活动参与"的定义、两者的关系以及相关的研究成果。第二章"高中英语阅读课堂中的活动参与"主要结合课例分析了阅读教学中教师在设计和实施活动方面存在的问题，以及对学生参与活动的影响。第三章"促进学生主动参与高中英语阅读课堂活动的路径"从活动设计和活动实施两个层面创建了促进学生主动参与活动的路径模型，介绍了相关的理论基础，并通过丰富的课堂教学实践片段加以阐释。第四章"促进学生主动参与活动的行动改进"则用一个完整的课例展示了促进学生主动参与阅读课堂活动的路径实施过程，体现了我们对研究主题的理解和实践。第五章"研究思考"总结了我们在研究过程中的收获和尚存的困惑等。

在整个研究过程中，最难的部分并不是如何出色地完成课题组活动时每次分到的任务，而是如何将碎片化的想法提炼、组合成结构化思路。这对于我们来说是一种煎熬。在无数次地查找文献、无数次地线下和线上交流、无数次地请教葛炳芳老师、无数次地回忆课堂片段、无数次地苦思冥想后，我们最终形成了现在的成果。在参与研究的过程中，我们的情绪也是错综复杂的。想法被成员否定时的小沮丧、建议被大家接受时的小雀跃、观点被同伴认可时的小满足、发言被大家肯定时的小幸福，都转化成了我们继续前行的动力。在一次又一次的听课和磨课中，我们沉浸在师生的精彩对话、生生的真实互动、教师的积极回应中，情不自禁地为他们鼓掌和喝彩。教师和学生在逐渐深入的互动中互相成就。这样的课堂不仅满足了学生的各种需求，也让上课和听课教师真正体会到了教学的快乐。

在葛老师的指导和推动下，在其他子课题兄弟姐妹们的勉励和促进下，我们一次又一次地战胜困难，超越自己，深深地感受到了团队共同教研、共同进步的意义。

由于作者水平有限，本书难免存在不足和纰漏，恳请读者朋友们批评指正。

徐　钰

2024 年 10 月

目　　录
CONTENTS

第一章　研究背景………………………………………………（001）

第二章　高中英语阅读课堂中的活动参与………………（004）

一、高中英语阅读课堂活动存在的问题 …………………………（004）

（一）活动设计脱离学情，参与积极性低 …………………（005）

（二）活动预设过多，参与体验感弱 ………………………（008）

（三）活动形式单一，参与广泛度低 ………………………（013）

（四）活动主线模糊，参与有效性低 ………………………（016）

二、反思与对策 …………………………………………………（019）

第三章　促进学生主动参与高中英语阅读课堂活动的路径 …（021）

一、促进学生主动参与活动的路径模型 …………………………（021）

二、促进学生主动参与活动的课堂教学实践 ……………………（025）

（一）活动设计…………………………………………………（025）

（二）活动实施…………………………………………………（057）

三、促进学生主动参与课堂的需求层次的达成 …………………（081）

（一）安全需求…………………………………………………（081）

（二）尊重需求 ···（083）

（三）归属需求 ···（083）

（四）价值需求 ···（084）

第四章　促进学生主动参与活动的行动改进·············（085）

一、课例背景 ···（085）

二、初次实践 ···（086）

（一）教学目标设定 ···（086）

（二）教学活动呈现 ···（086）

三、课例反思 ···（096）

（一）活动参与的广泛性 ·······································（096）

（二）活动参与的层次性 ·······································（097）

（三）活动参与的有效性 ·······································（097）

四、实践改进 ···（098）

（一）教学目标重设 ···（098）

（二）教学活动改进与说明 ·····································（099）

五、结论与共识 ···（108）

（一）活动设计的有效性 ·······································（108）

（二）课堂环境的支持性 ·······································（109）

第五章　研究思考···（111）

一、体验与收获 ···（111）

（一）教师更加关注活动与学生之间的关联度 ···············（111）

（二）教师更加关注活动内容及形式的自主性 ···············（112）

（三）教师更加关注活动实施过程中的安全感 ···············（113）

二、过程与感悟 ···（114）

三、后续研究启示 ···（115）

参考文献···（117）

第一章

研究背景

> > >

  主动学习是指"在英语教学中,学生在教师指导下逐步开展自主提问,主动建构意义,主动运用所学知识建立与文本、作者、世界和自我间的关联,从而表达新思想"(葛炳芳,2024:53)。Järvelä 和 Renninger 将主动学习看作提高学生课堂活动、实验及课外实践参与度的一种方式(转引自 Lombardi 等,2021:10)。具有主动学习意识的学生,在课堂上会更加主动地寻求参与机会,如积极发言、参与讨论等,从而提升他们的活动参与度;同时,当学生积极参与课堂活动时,他们会更倾向于主动思考、提问和解决问题,从而从被动接受知识转变为主动学习。因此,Sinatra 等人将参与视为"学习的圣杯",认为它通常与积极的学习成果有关,因为它提高了学生的注意力、兴趣、乐观精神以及有目的的自我调节能力(转引自Lombardi 等,2021:10)。同时,《普通高中英语课程标准(2017 年版 2020 年修订)》(以下简称"课标")明确指出,"教"是教师把握英语学科核心素养的培养方向,通过有效组织和实施课内外教与学的活动,达成学科育人的目标;"学"是学生在教师的指导下,通过主动参与各种语言实践活动,将学科知识和技能转化为自身的学科核心素养(中华人民共和国教育部,2020:77)。由此可见,"主动参与活动"是学生将学科知识和技能转化成学科核心素养的主要方式和途径;而"教师有效组织和实施课内外教与学的活动"是学生主动参与活动和主动学习的重要条件。

但在实际阅读教学中,教师在设计和实施活动时还存在较多问题,直接导致学生参与活动的主动性欠缺。首先,他们在设计活动时更关注教学目标和教学进度的达成,而不在意学生的学情和需求,使活动脱离学生实际。其次,教师在实施活动时更关注学生能否正确回答问题,对于他们参与活动的感受则关注不够。再次,活动形式单一,缺乏趣味,忽视了学生课堂上的社交需求。最后,教师在设计活动时缺乏主线意识,造成活动之间的脱节和割裂,影响了活动的有效性。因此,如何更好地设计和实施阅读课堂活动对于促进学生的主动参与有着重要的意义。

很多学者将参与分为四个方面,即"社会行为参与"、"认知参与"、"情感参与"和"主体参与"。社会行为参与指的是与同伴一起参与学习活动;认知参与主要表现在学习者在学习过程中主动思考、明确目标、积极运用策略以及主动调节自我;情感参与涉及积极的情感(如愉悦感)、归属感,以及对学习任务价值的感知;主体参与指的是学习者认识到自己和同伴作为知识构建者的角色并加以履行(见 Lombardi 等,2021:10-11)。在研究的过程中,我们发现:促进这四种参与的许多策略是重叠的,所以放弃了以"参与"为主线来研究促进学生主动参与课堂活动的策略。但是，它们仍然带给我们很多的启发。例如，我们可以遵循学生的认知规律来探讨阅读课堂的主要活动，从情感需求的角度来设计和实施活动，从社会行为的层面来提炼相关的实施路径，帮助学生意识到自己在课堂上的主体地位，实现角色转换，促进主动学习。

　　本研究以"高中英语阅读课堂中的活动参与"为主题，以日常的高中英语阅读课堂教学实践为平台，旨在探索促进学生主动参与课堂活动的活动设计和实施路径。我们通过大量的课堂观察和案例研究，提炼了活动参与存在的主要问题，基于学生的认知规律和心理需求探索了阅读课堂中激活与关联、提问与释疑、整合与建构以及运用与表达等活动的设计路径，提出了充分时间、教师支持、多维互动以及有效评价等活动实施路径，以促进学生主动参与阅读课堂活动，主动建构意义，从而实现主动学习。

第二章

高中英语阅读课堂中的
活动参与

一、高中英语阅读课堂活动存在的问题

葛炳芳（2024：53）提出，阅读过程中，读者的理解处于不断丰富、完善和修正的过程中，是动态的意义建构过程。同时，他还提出，作为课堂主体，学生主动建构意义的过程是学生主动获取信息、加工信息、建立联系，进而表达思想的过程，这一过程需要以学生主动学习为基础，体现不断修正理解、不断适应学习、不断发展能力的个体参与性。

> 意义建构的主体是学生，建构过程需要依托学生参与的课堂活动。

意义建构的主体是学生，建构过程需要依托学生参与的课堂活动。而教师作为课堂活动的引导者，需要关注课堂活动的设计与实施，来促进学生更加主动地参与课堂活动。我们通过大量的课

堂观察，了解学生参与活动的现状，发现教师在阅读课堂教学活动设计和实施中，还存在着涉及学生积极性、体验感、参与面、有效性等方面的诸多影响课堂活动参与度的问题。

（一）活动设计脱离学情，参与积极性低

1. 活动设计脱离学生实际

英语学习活动的设计应注意，情境创设要尽量真实，注意与学生已有的知识和经验建立紧密联系，力求直接、简洁、有效（教育部，2020：63）。在设计课堂活动时，教师如果没有从学生生活实际出发，就会导致活动任务与学生实际关联度低，无法引起学生的兴趣，从而影响学生参与活动的积极性。因此，教师在设计活动时，需要结合学生实际情况或贴近学生生活，寻找新知与学生

> 教师在设计活动时，需要结合学生实际情况或贴近学生生活，寻找新知与学生的关联点。

的关联点，让学生能够直面和解决实际生活中的问题，以促使学生主动地参与课堂活动。

【课例片段 1】高中英语必修三 Unit 3 的 Reading and Thinking（本书课例均使用人教版教材，下文不再说明）部分的文本是一则旅行日记，在日记中，中国学生 Li Lan 按照时间和空间顺序介绍了自己在旧金山一天的所见所闻。以下是本节课的课前导入环节。

T：Here is a map of America. Can you see where San Francisco is?

Ss：In the west of America.

T：Yes. What else do you know about the city? Here let's watch a short video about San Francisco. After watching it，tell me what you've learnt about the city.

(*after watching the video without subtitles*)

T：What do you know about the city?

S1：It has a beautiful road and some delicious food.

T：Right. You can see a twisting road. It is called the Lombard Street. What else do you learn from the video?

Ss：…（沉默）

【问题聚焦】教师为了引入文章话题，直接呈现了一张美国地图，地图上有主要城市和具体地点，教师特别标注了课文中 San Francisco 这一地点。在学生了解其地理位置后，教师播放了一段无英文字幕的视频，并向学生提问"What else do you know about the city?"，希望学生看完后对这个城市有更深入的了解。然而，由于学生对这一地方不是特别熟悉，并且视频播放速度较快，看完视频之后，学生很难回答这一问题。教师试图通过这个方式激活学生的背景信息，却因其与学生实际生活关联度低，无法有效激发学生兴趣，从而导致本环节陷入相对冷场的局面。教师在设计活动时，如果能够更多地从学生生活实际出发来提问，就能更好地激发学生的表达欲望。例如，教师在呈现完地图之后，可以提问：If you have a chance to visit the city，what do you want to know about it? 旅游是一个相对真实的情境，能够引发学生的兴趣。通过讨论，学生会给出较多答案。例如：Which place can we visit? What can we see there? What can we eat there? What is the history of the city? What about the culture of the city? And the people? 等等。此时，借助真实情境，通过自主提问，学生能够与教师及文本产生互动,为后面阅读做好铺垫。可见,将活动任务与学生学情及实际生活相关联,可以提高学生参与课堂活动的积极性。

2. 活动难度过高或偏低

在阅读教学中,教师设计的任务如果没有充分考虑学生实际,会导致任务太难或太易。任务太难时,学生会产生畏难情绪,不愿主动参与活动;任务太易时,又会导致活动缺乏挑战性,无法引起学生兴趣,导致学生不愿主动参与课堂活动。因此,教师应当考虑任务难度和梯度,基于或略高于学生已有知识水平来设计活动,激发其参与活动的兴趣,从而更加积极地参与课堂活动。

【课例片段 2】高中英语必修三 Unit 4 Reading and Thinking:*Space:The Final Frontier* 是一篇科普文,文章按照时间顺序简要介绍了人类探索太空的发展历程和重大历史事件。以下是本节课的课前导入环节。

T:Today,we are going to learn a passage entitled *Space:The Final Frontier.* According to the title,can you predict what the passage is going to talk about? Can you raise some questions?

S1:What is final frontier?

S2:…(沉默)

【课例片段 3】高中英语必修一 Welcome Unit Reading and Thinking:*First Impressions* 是一篇网络上的个人主页文章,中国高中生 Han Jing 按照时间顺序描述了自己开学第一天的所闻所感。以下是本节课的课前导入环节。

T:Do you still remember the first day when you came to high school? Do you think it was easy for you to go to a new school? How do you feel on the first day of high school?

【问题聚焦】课例片段 2 中,在阅读课文前,教师引导学生基于标题直接提问的活动难度较大,只有一位同学提出了问题。究其原因,该标题较为抽象,不易理解,影响了学生参与活动的积极性。因此,对于标题难度较大的文章,教师在设计活动时,可以先帮助学生激活与话题有关的背景知识,再基于标题进行提问。就这一文本而言,教师可以先通过图片、例句或情境来帮助学生理解标题中 final frontier 的准确含义,再引导学生结合文本图片和标题进行提问,从而降低活动难度。教师也可以补充与主题相关的图片,引导学生观察并描述其内容,以此激活已知,帮助学生理解标题并预测文本内容。对于此类难度较大的文章,或者标题较难的文本,教师应当充分考虑学生学情,帮助学生调动已有的知识,降低活动难度。课例片段 3 中,该阅读文本难度不大,教师上课开始时提出的问题大多是一般疑问句,过于简单。回答感受时,学生也是用简单的形容词 happy、sad 等轻松回应,无法获得较大的满足感,这也会导致学生不愿主动参与课堂活动。每位同学都有自己开学第一天的难忘经历和体验,教师可以提问,例如:Did you come across anything difficult, interesting or unforgettable? Would you like to tell us what happened? 来引导学生结合当天具体发生的事件来描述自己的感受,不同且具体的内容会让学生更愿意倾听和分享,让学生更有参与感。可见,对于相对简单的文本,教师也需要关注问题的难易程度,避免活动过于简单,影响学生活动参与的积极性和主动性。

(二)活动预设过多,参与体验感弱

教师在课堂中的角色应该是引导者,而非控制者和

决策者。预设过多会导致教师过度依赖预设的内容,在课堂中无法根据学生的反馈和实际情况灵活地调整教学节奏和方法,

> 教师在设计活动时,应该避免预设过多;在实施过程中,应尊重学生的学习需求和学习过程中的动态生成,增强其活动参与的体验感。

从而阻碍学生思维的发展,降低他们的学习兴趣和课堂参与度。因此,教师在设计活动时,应该避免预设过多;在实施过程中,应尊重学生的学习需求和学习过程中的动态生成,增强其活动参与的体验感,从而激发学生参与活动的主动性。

【课例片段 4】高中英语必修三 Unit 2 Reading and Thinking:*Mother of Ten Thousand Babies* 是一篇人物小传,文章按照时间顺序叙述了林巧稚的一生以及她曾面临的人生抉择。以下是本节课的课前导入和阅读环节。

T:We are going to learn a passage—"Mother of Ten Thousand Babies". Do you have any questions when you see the title?

S1:Who is she?

S2:How could she have ten thousand babies?

T:OK. Let's look at the pictures and Paragraph 1 and try to answer the questions.

S3:She is Lin Qiaozhi.

T:Yes. But how could she have ten thousand babies?

S3:She successfully delivered ten thousand babies.

T:Right. What other information can you get from Paragraph 1? What do you know about her? Any information?

（学生冷场）

T：What's her job? What kind of person is she? What about her life?

S4：She was an amazing woman and went through a life of hard choices.

T：So what were the choices she made? Now let's read the whole passage and find out Lin's hard choices.

（After reading the passage）

T：Now let's share what you have found about Lin's hard choices.

S5：To stay in America or to serve the people at home.

T：That's the second choice mentioned in the text，right? So what is the first choice mentioned?

S5：Er…Marriage or studying medicine.

T：Right. Why was the choice hard?

S5：Because the majority of girls got married during that time.

T：Right. What are the other hard choices?

…

【课例片段5】高中英语必修一 Unit 3 Reading and Thinking：*Living Legends* 是一篇杂志文章，介绍了一中一外两位著名的运动员——郎平和迈克尔·乔丹。以下是某教师所设计的学案。

Q1：What's the author's standards（标准）for the "living legends"?

①＿＿＿＿＿＿＿＿＿＿＿＿＿＿＿＿

②＿＿＿＿＿＿＿＿＿＿＿＿＿＿＿＿

Q2：Does Lang Ping meet the author's two standards for "living legends"? Find evidence(证据).

Lang Ping		evidence
	standard ①：	
	standard ②：	

Q3：Does Michael Jordan meet the author's two standards for "living legends"? Find evidence.

Michael Jordan		evidence
	standard ①：	
	standard ②：	

Q4：How does the author show Lang Ping and Michael Jordan are living legends?

The author shows that by describing the _____ _____ and _____ of Lang Ping, and _____ _____ , _____ and _____ of Michael Jordan.

【问题聚焦】课例片段 4 中，在阅读文章前，教师引导学生基于标题自主提问，并通过观察文本图片和阅读文本第一段来回答提出的问题。学生回答后，教师提问：What other information can you get from Paragraph 1? 但因这一问题指向不清晰，学生无法准确回答，从而导致冷场。之后教师按照自己的预设开展一轮又一轮的师问生答。由于教师预设是按照文章段落一步一步推进的，一位同学未按照段落顺序回答林巧稚的艰难抉择，教师强行将话题转移到自己的预设上来，降低了学生参与的体验感和成就感，教师变成课堂的主导者和控制者。学生被动地回答老师的问题，被动地参与课堂活动。同时，有些问题的设问不够明确，或者设问方式不易理解，也限制了学生生成内容的多样性，降低了他们的活动参与度和体验感。因此，教师在活动实施过程中，要把课堂主动权交给学生，尊重学生的参与和生成，以此来提高学生参与课堂活动的主动性。例如，学生针对第一段中信息"These words of Dr. Lin Qiaozhi give us a look into the heart of this amazing woman, and what carried her through a life of hard choices."进行自主提问，可以提出很多不同的问题，如：What hard choices did she experience? Why did she make these choices? What did she do when facing the choices? What did she get from hard choices? What did she do after these choices? 等等。同时，教师将学生的问题写在黑板上，并让学生通过阅读解决所提出的问题。回答时，教师应当充分尊重学生的自主权，可让学生自由选择想要回答的问题。待学生回答后，教师引导学生梳理文章信息和内容，整合问题和答案，在学生梳理的基础上更好地理解文本内容与主题，提高学生课堂参与的体验感。

课例片段 5 中，教师在设计学案时，将本节课学生需要完成的任务全部列出，在课堂教学中，教师利用该学案，带领学生按部就班地完成学案上的全部内容，学生只是在配合教师完成所有的教学任务。在实际的课堂活动实施过程中，因教师预设过多，学生生成的答案也常被教师改写或替换,以促进课堂按照教师预设推进,这样就降低了学生参与课堂活动的体验感。学案只是课堂教学的辅助工具,教师应该科学合理地利用学案,避免被学案牵制。在教学中应多关注学生的课堂生成,尊重学生主体性,促进学生的主动参与,提高他们课堂活动参与的体验感。

(三)活动形式单一,参与广泛度低

教师要善于利用多种工具和手段,引导学生通过自主与合作相结合的方式,完成对信息的获取与梳理、概括与整合、内化与运用,教会学生在零散的信息和新旧知识之间建立关联,归纳和提炼基于主题的新知识结构(教育部,2020:63)。课堂活动形式对学生是否愿意主动参与课堂活动有直接的影响,若活动呈现方式或组织形式单一,则很难激发学生活动参与的兴趣。在实际的课堂中,课堂活动常常以教师口头讲授或单纯的 PPT 文字呈现,导致教学呈现形式单一,难以维持学生的课堂专注力。此外,教师时常采用师问生答的单一形式来检验学生的阅读及理解的情况。在这种情况下,除了被指定回答的同学,其他同学常常成为课堂的旁观者,导致参与活动的广泛度低。

【课例片段 6】高中英语选择性必修二 Unit 4 Reading and Thinking:*Seeing the True North via Rail: Vancouver and the Heart of Canada* 是一篇游记,文章按照时间和空间顺序记述了 Li Daiyu 和 Liu Qian 两姐妹乘坐火车自西向东横跨加拿大长途旅行的经历,包括她们沿途所看到的自然美景和野生动物等。以下是本节课的阅读环节。

学生在自主提问环节已经提出了一些问题,如

"Where did they go? What did they see? How did they feel?"等。

T：Now let's read the whole passage and find out where they went. Which is the first place they went to? （此时PPT呈现一张图表，见表2.1）

S1：The first place is Vancouver.

T：What did they see in Vancouver?

S1：They saw the bay，an island，the beautiful mountains.（PPT文字呈现）

T：How did they feel while they saw these?

S1：They felt pleased.

T：Right，they felt pleased. Then，which is the next place they went to?

S2：They went to Lake Louise.

T：What did they see there?

S2：They saw massive mountains and forests，blue water with its exceptional beauty，spectacular mountain peaks and forests.（PPT文字呈现）

T：Yes，so how did they feel?

S2：They felt amazed.

    ...

表2.1　游记信息梳理表

Place				
See				
Feel				

【问题聚焦】在该阅读课活动实施过程中，活动形式较为单一，以师问生答为主要活动形式。除此之外，活动呈现方式也相对单一，整节课主要采用PPT文字来呈现

加拿大之旅，而单纯的文字很难引起学生的兴趣。虽然使用了学案，但是课堂活动仍以教师大量的问题来推进。这种单一的活动形式容易使学生产生厌倦情绪，无法维持他们在课堂上的学习兴趣和专注力。同时，教师依旧是课堂的主导。教师抛出问题后，学生阅读文本，然后教师点名学生回答问题。课堂节奏快，阅读、候答时间短，师生一对一提问多，且多为表层信息处理，降低了学生的参与意愿。由于该文本是一篇游记，教师可以结合游记的特点，利用多种工具和手段来开展阅读教学，设计多感官参与的课堂活动，让学生在体验中感知和思考，提高学习的真实性和有效性。例如，教师可以利用地图，带着学生在图中游走，给学生身临其境的感觉。在提到"massive mountains and forests, blue water with its exceptional beauty, spectacular mountain peaks and forests"等时，可以结合图片、视频或其他多模态的呈现形式使课堂内容多样化，提高学生的学习兴趣，让他们能够更深刻地感受当地的自然美景和野生动物。教师也可以针对第一个地点，进行示范性引领，分享作者的所见、所闻、所感，然后将主动权交给学生，引导他们自主梳理文本中其他段落的信息，并加以呈现和阐述。教师在教学中应当积极探索课堂中有效的活动设计和实施方式，来帮助学生更好地理解文本的内容和主题，提高课堂中学生活动参与的主动性和广泛度。

> 教师在教学中应当积极探索课堂中有效的活动设计和实施方式，来帮助学生更好地理解文本的内容和主题，提高课堂中学生活动参与的主动性和广泛度。

(四)活动主线模糊，参与有效性低

教师要通过创设与主题意义密切相关的语境，充分挖掘特定主题所承载的文化信息和发展学生思维品质的关键点，基于对主题意义的探究，以解决问题为目的，整合语言知识和语言技能的学习与发展，将特定主题与学生的生活建立密切关联，鼓励学生学习和运用语言，开展对语言、意义和文化内涵的探究(教育部，2020：16)。确定语篇讨论的核心议题，即主题，是开展主题意义探究的逻辑起点(张金秀，2019：1)。教师在阅读教学中，要充分研读语篇，明确语篇主题及主题意义，基于

> 教师在阅读教学中，要充分研读语篇，明确语篇主题及主题意义，基于此梳理阅读教学主线。

此梳理阅读教学主线，然后围绕主线，设计以学生为中心的有层次的课堂活动，引导学生主动参与主题意义的探究。

【课例片段7】高中英语必修二 Unit 1 Reading and Thinking：*From Problems to Solutions* 是一篇叙事文本，作者按照时间顺序介绍了在修建阿斯旺大坝的过程中，文化遗产保护所面临的问题与挑战及解决的过程与方法。以下是本节课的阅读环节。

T：First, let's try to work out the timeline to show how the problems were solved.

(Students work out what happened in each period.)此时呈现事件发展时间轴，见图 2.1。

T：Now let's read paragraphs 2 to 4 and find out whether the process was tough. And why? Now discuss in groups of four.

the 1950s	1959	1960	1961	over the next 20 years	1980
The Egyptian government wanted to build a new dam.	The Egyptian government turned to the UN for help.	A document was signed and the work began.	The first temple was moved.	The temples and cultural relics were being rescued.	The project was completed.

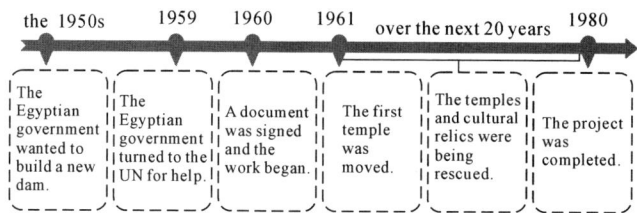

图 2.1　事件发展时间轴

After discussion，students share different ideas as below：

S1：Yes，it was tough because it needed a lot of money.

S2：Yes，the process was tough because a lot of people spent a lot of time during it.

T：Right. The process needed a lot of money，time and help from different people. So why was it considered a great success? Why could the project be successful?

S3：Not only had the countries found a path to the future that did not run over the relics of the past，but they had also learnt that it was possible for countries to work together to build a better tomorrow.

在这一问题之后，教师陆续抛出以下问题让学生思考和回答：

T：What is the structure of the passage? Can you figure out the structure of the passage now? What spirit can we learn from the Aswan Dam project? Do you think we also need it in our daily life? Why or why not? Why did so many countries contribute funds and offer help to the Egyptian project? Why is it important to protect and preserve our cultural heritage? What can we do to protect it?

【问题聚焦】教师在阅读环节看似抓住了时间轴这一条时间明线，但是由于教师对文本主题意义解读不够到位，缺乏主线意识，导致课堂设计的问题之间关联度不够，整体教学思路不够清晰。课堂一时关注文本内容，一时关注文章结构，一时关注学生思维，问题与问题之间比较跳跃，缺乏关联性和逻辑性，这会使学生在阅读过程中思维跳跃缺乏逻辑。由此可见，阅读教学如果主线不清晰，就容易出现逻辑混乱，学生无法深度理解文本，从而导致学生的活动参与有效性较低。虽然有教师的引导，学生仍然很难基于文本主线来探析文本内容和主题。针对这种问题解决型的文本，教师可以基于 problems 和 solutions 这一主线，依托时间轴探索解决问题的过程，再结合这个过程提问"Who exactly participated in the process?"来体现问题是如何解决的以及过程中的不易之处，并引出其背后所体现的精神，来引导学生理解并运用文中解决问题的方式来解决生活中的实际问题。教师可以紧紧围绕 from problems to solutions 这条主线来设计活动，以帮助学生更好地理解文本内容和意义。由此可见，教师在设计活动时，需要首先明确文本主题，从而把握文本主线，并在此基础上基于主线和学生的认知规律来设计逻辑一致的活动。

> 教师在设计活动时，需要首先明确文本主题，从而把握文本主线，并在此基础上基于主线和学生的认知规律来设计逻辑一致的活动。

线，并在此基础上基于主线和学生的认知规律来设计逻辑一致的活动，以更好地引导学生理解活动意图及其之间的关联，提高学生课堂活动的参与度，促进主题意义的探究。相反，如果教学主线不清晰、逻辑混乱，就会影响学生对主题意义的探究,降低学生阅读课堂活动的参与度及有效性。

二、反思与对策

教师要通过一系列具有综合性、关联性特点的语言学习和思维活动,培养学生语言理解和表达的能力,推动学生对主题的深度学习,帮助他们构建新概念(教育部,2020:16)。在促进学生主动学习的英语阅读教学活动设计中,重新定位教师角色和学生责任是真正落实学生主动学习的基础(葛炳芳,2024:55)。学生的参与和主动建构意义对于改善学习效果、激发学习兴趣以及培养独立思考和解决问题的能力至关重要(王文伟,2023:1)。可见,在英语阅读教学中,教师教学活动的设计和实施以及教师和学生的角色定位,对于学生是否愿意主动参与课堂有着重要的影响。

在英语阅读课堂教学活动的设计与实施中,导致学生主动参与度低的原因很多,包括活动设计脱离学情、教师活动预设过多、课堂活动形式单一、课堂活动主线模糊等。这些常见的问题都会影响学生课堂活动参与的积极性和主动性。

基于目前学生参与阅读课堂的现状,在英语阅读课堂教学中,教师需要关联学生学情,在充分考虑学生的生活经验和认知发展水平的基础上设计活动,从而激发学生的兴趣,促进学生主动参与活动。同时,教师需要避免过多预设课堂内容,同时在活动实施过程中,应当更多地将任务放手给学生,如呈现文本标题、图片或者与文本有关的信息来引导学生开展自主提问,预测文本内容,为后面阅读做好铺垫。在阅读教学实施过程中,要尝试改变传统的师问生答这种单一的教学形式,采用有情境、有层次、多样化的学习活动,引导学生自主释疑;还可借助多样化的资源形式和工具或者示范性引领来帮助学生理解文本内容,引导学生整合文本信息,深入探讨文本主题,鼓励学生主动参与到课堂活动中来。此外,教师需要结合文本主题,设计清晰的教学主线,开展有层次的阅读教学活动,引导学生在活动过程中主动建构文本所要传达的意义。在读后,教师借助情境和支架,设计相关的活动,引导学生运用和表达所学的内容和语言,发展思维,主动参与课堂活动并主动建构意义。

教师作为课堂中的重要部分,并不是体现在其主导的作用,而是应该成为学生主动参与课堂活动的引导者和促进者。英语学习活动强调以学生为主体的整合性学习(教育部,2020:85)。学生是学习的主体,学生主动参与课堂需要教师的指导和帮助。教师在教学中要有意识地培养学生主动参与课堂活动的意识和主动学习能力,避免在课堂中包办代替。因此,阅读课堂各环节中,教师需要设计和实施有效的教学活动,重新定位教师角色和学生责任,来促进学生在课堂中的主动参与,培养主动学习能力。

> 阅读课堂各环节中,教师需要设计和实施有效的教学活动,重新定位教师角色和学生责任。

第三章

促进学生主动参与高中英语阅读课堂活动的路径

一、促进学生主动参与活动的路径模型

学生是课堂活动的主体,但学生对课堂活动的主动参与离不开教师精心设计的教学活动和营造的课堂环境。上一章中提

> 学生是课堂活动的主体,但学生对课堂活动的主动参与离不开教师精心设计的教学活动和营造的课堂环境。

到,许多高中英语阅读课堂中学生的主动参与度不高,学生在课堂中被动学习甚至消极学习的现象屡见不鲜。因此,教师如何在课堂中激发学生主动参与和主动学习的积极性是亟须解决的关键问题。

主动学习是指"在英语教学中,学生在教师指导下逐步开展自主提问,主动建构意义,主动运用所学知识建立与文本、作者、世界和自我间的关联,从而表达新思想"

> 学生对课堂活动的高度参与是主动学习在课堂上的具体行为表现。

（葛炳芳，2024：53）。可见，在主动学习的课堂中，教师充当指导者的角色，而学生是课堂的主体。学生对课堂活动的高度参与是主动学习在课堂上的具体行为表现。Harmin & Toth(2006：50)认为，要保证学生对课堂活动的高度参与，教师必须让学生在课堂上感到足够安全。教师应该为学生提供"有安全感的学习环境""有归属感的学习集体"，让学生在课堂中充分地体会到来自老师与同学的"尊重"并"找到学习的方向"，从而"达到或更接近深度学习的境界"（葛炳芳，2024：55）。

要打造主动学习的课堂，教师需要驱动学生的参与行为。根据马斯洛动机理论，人的行为源自于五种需求，即生理需求、安全需求、爱与归属需求、自尊需

> 在课堂中满足学生的安全需求、尊重需求、归属需求和价值需求，能够显著提升学生的主动参与动机。

求和自我实现需求(Maslow，1943：372-385)。在当今社会，生理需求已基本得到满足。因此，如果课堂能够满足学生的其他四大需求——安全需求、爱与归属需求、自尊需求和自我实现需求，就能显著提升学生的主动参与动机。结合教学实际，我们对这四大需求进行了微调，具体如下：安全需求、尊重需求、归属需求和价值需求。

课标提出，学生在主题意义引领下，通过学习理解、应用实践、迁移创新等一系列体现综合性、关联性和实践性等特点的英语学习活动，使其基于已有的知识，依托不同类型的语篇，在分析问题和解决问题的过程中，促进自身语言知识学习、语言技能发展、文化内涵理解、多元思

维发展、价值取向判断和学习策略运用(教育部,2020:13)。

英语阅读课堂教学离不开内容、思维和语言这三大要素,但"任何真正的阅读课堂教学都是综合而又有所侧重的"(葛炳芳,2015:17)。因此,在英语阅读课堂教学中,教师们应该关注内容、思维和语言的有机融合,"语言理解要有利于带动语言产出,信息加工要有利于思维培养,要有分析、评估、解释、推断、综合、说明、简化、质疑等信息加工与表达的痕迹"(葛炳芳,2015:18)。

基于上述理论,结合高中生的学情实际,教师在设计和实施课堂活动时应关注活动的层次性、关联性、综合性、迁移性和有效性,尊重并维护学生在课堂中的主体地位,努力满足学生的四大需求,营造轻松、开放、平等、合作、探究的课堂生态环境,给予学生充分的安全感、受尊重感、归属感和价值感,激发学生积极主动参与课堂的动机,帮助学生在不断的意义协商中主动建构和完善自身的知识体系。

从教学活动的设计层面来看,教师应先引导学生围绕自己的已有知识、学习兴趣和实际生活,激活并关联自身关于文本主题的已知图式,消除对陌生文本和新话题的畏惧心理;接着,学生基于自身的认知冲突、阅读期待和个人体验,对文本内容进行自主提问并通过自主阅读进行自主释疑,充分感受自己在课堂中的主体地位以及来自教师的尊重和信任;然后,学生依托教师提供的引导性问题、可视化工具和示范性引领,整合文本信息,促使信息的概念化和结构化,在师生、生生的共学、共建中获得归属感;最后,学生借助问题情境、表达支架和生本联结,将文本中所获取的内容、思维和语言在新情境中进行重组和运用,表达自身的新思想,迁移内化知识,完善知识体系,体现自我价值。当然,这四个教学环节并非完全线性或界限分明的,这些环节中的活动路径也不仅仅局限于对应的环节中,不少路径在其他环节中也有运用和体现,甚至可能贯穿整堂课。

从教学活动的实施层面来看,充分的阅读、思考和候答时间能够在一定程度上保障学生在课堂中的主体地位,并满足学生的安全需求,从而让学生敢于参与;教师的协商语气、提供的选择机会和给予的个体关注能够满足学生的尊重需求,从而让学生愿意参与;课堂中的多维互动,包括师生共建、同伴分享和小组合作,能够满足学生的归属需求,充分激发学生的主观能动性,从而让学生想要参与;课堂中的有效评价,包括学生的生成留痕、教师的个性化评价和生生之间的相互评价,有助于满足学生的价值需求,从而让学生积极参与。

在实际的阅读课堂中,这些活动设计和活动实施路径与学生需求层次的达成并非一一对应,而是相互交融、密不可分。有效的教学活动设计和活动实施能够满足学生的四大关键需求,激发其主动学习的动机,而被满足的需求又能进一步促进学生更好地参与课堂,形成不断螺旋上升的良性循环。基于此,我们提出了促进学生主动参与活动的路径模型(见图 3.1)。

> 有效的教学活动设计和实施能够满足学生的四大关键需求,激发其主动学习的动机,而被满足的需求又能促进学生更好地参与课堂,形成良性循环。

图 3.1　促进学生主动参与活动的路径模型

二、促进学生主动参与活动的课堂教学实践

(一)活动设计

1. 激活与关联

课标提出教师在教学中,要注意把握好必修课程的基本要求,围绕具体语篇所提供的主题语境,与学生初中学段接触过的话题建立关联,基于学生现有的生活经验、学习兴趣和语言水平,引导他们积极主动地参与到对主题意义的探究活动中来(教育部,2020:53)。因此,一堂

课的认知起点是学生的已有知识、学习兴趣和生活经历等,教师应围绕这些起点创设真实的问题情境,引导学生激活旧知、关联新知,激发阅读兴趣,为后续的学习活动打好基础。

(1)围绕已有知识

学生的已有知识包括他们的生活经验、知识储备、实践技能等。学习者的新知识是基于他们先前的经历来创造的(Gunduz & Hursen,2015:526)。在面对新的阅读文本时,学生会自动激活关于该文本主题的已有图式,建立自身与文本的关联。因此,学生与自身已有知识的互动是课堂的起点,也是习得新知识的起点。教师应当围绕学生的已有知识,创设真实情境,帮助学生激活已知,关联新知。

> 学生与自身已有知识的互动是课堂的起点,也是习得新知识的起点。

【课例片段1】高中英语必修二 Unit 1 Reading and Thinking：*From Problems to Solutions* 是一篇叙事文本,通过讲述阿斯旺大坝的修建过程来引导学生思考文化遗产保护和社会经济发展的平衡问题。该话题对学生来说比较陌生,从文本主要内容阿斯旺大坝入手也很有难度。为了让学生自然、顺畅地进入文本,教师可以从本单元的主题图(图3.2)入手,设置如下问题：

Q1：What can you see in the picture?

Q2：What's the link between the picture and the theme of the unit?

Q3：What comes to your mind when you think of the Great Wall?

针对第一个问题,学生产出如下：

S1：I saw the Great Wall in the picture.

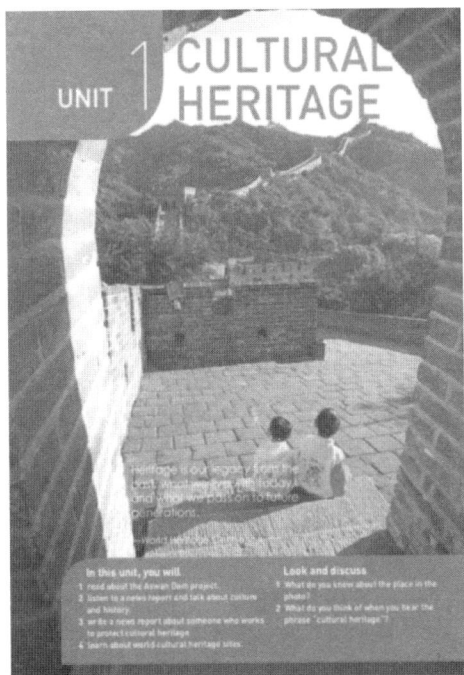

图 3.2　必修二 Unit 1 主题图

S2：I saw two boys sitting together，admiring the Great Wall.

S3：I saw the theme of this unit：Cultural Heritage.

教师基于学生的回答，抛出第二个问题，即该主题图与单元主题的关联。学生产出如下：

S1：The Great Wall in the picture is a typical example of cultural heritage.

S2：I think the two boys in the picture represent the younger generation. They are admiring the Great Wall. It means we should develop the awareness of protecting cultural heritage such as the Great Wall from a young age.

接着,教师基于长城提出第三个问题,学生对于长城以及文化遗产的已有图式得到了激活,产出丰富：

S1：It's a national symbol of China.

S2：Its long history.

S3：Its fantastic scenery.

S4：It protected China from enemies in the past.

S5：It's a symbol of national glory.

这三个问题从学生熟知的长城入手,激活了学生对长城的已有知识,也让学生更好地理解诸如长城这类文化遗产对国家、对人类的重要意义。接着,教师利用照片向学生呈现长城现在面临的破坏,比如胡乱涂鸦、随地丢垃圾、非法攀爬、城墙磨损等问题,自然地引到文化遗产保护和经济发展之间的现实冲突,为后续的阅读活动做好铺垫。

对于这堂课的激活与关联环节,教师们也做过很多的尝试,比如从埃及入手、从课文插图阿布•辛拜勒神庙入手、从 UNESCO(联合国教科文组织)入手等,但学生产出寥寥。由于学生相关背景知识匮乏,所以整个环节以教师讲解为主,导致学生未能激活已知并关联主题,同时还可能增加了学生对文本的畏难情绪,影响后续活动的参与。

（2）围绕学习兴趣

孔子说："知之者不如好之者,好之者不如乐之者。"爱因斯坦说："兴趣是最好的老师。"毋庸置疑,学生对活动内容的兴趣是促进课堂参与的重要动力。他们的兴趣越高,在课堂上的参与

> 学生对活动内容的兴趣是促进课堂参与的重要动力。

度也越高。因此,教师可以从学生的兴趣爱好入手,选择
与之相关的素材激活与关联主题,从而促进学生积极的
情感投入,增强他们对后续学习内容的参与意愿。

【课例片段 2】高中英语必修一 Unit 3 Reading and
Thinking:*Living Legends* 一文介绍了两位传奇体育明
星——郎平和迈克尔·乔丹。该文是一篇杂志文章,让
读者以所给的两位传奇人物为参照,推荐自己心中在体
育界活着的传奇。教师从学生的兴趣点入手,设计如下
问题,在看似随意的交流互动中自然地进入文本话题。

Q1：What's your favorite sport? Why do you
like it?

Q2：Who is your favorite athlete? Why do you like
him/her?

学生们各抒己见,兴奋地描述着自己最喜爱的运动
和运动员、课堂气氛轻松、活跃,教师顺着学生的生成自
然地引到了文本的主题——运动传奇人物。

在这个环节,也有不少教师直接呈现郎平和迈克
尔·乔丹的照片,从文本的两位传奇人物入手,提问"Do
you know who they are? Do you know anything about
them?"。学生反应平平,产出比较单一,因为学生对这
两位运动员的认知都比较局限,对他们的兴趣也因人而
异。对于不熟悉郎平和迈克尔·乔丹的学生来说,这个
环节触及他们的知识
盲区,容易让他们对
文本望而生畏,直接
影响课堂的参与度。

> 在激活与关联环节,若触及学生
> 的知识盲区,容易让他们对文本望而
> 生畏,直接影响课堂的参与度。

【课例片段 3】高
中英语必修三 Unit 5 Reading and Thinking：*The
Million Pound Bank Note*(Act 1, Scene 3)是文学作品

《百万英镑》中两个富豪打赌的戏剧片段,是整个故事的背景和起因。本单元是高中英语必修教材中第一次出现戏剧体裁,这种语篇形式对学生来说比较陌生,但很多学校每年都会举办戏剧节或者戏剧比赛,学生们对此也充满了热情和兴趣。因此,教师选择从本校的戏剧节或戏剧比赛入手,呈现精彩的活动照片,激发学生的兴趣点,吸引学生的注意力,并自然地过渡到《百万英镑》的剧照(见图 3.3),开启对文本的探索。

What do you want to know about the play?

图 3.3　必修三 Unit 5《百万英镑》剧照

(3)围绕实际生活

一切的学习都源自于实际生活,最终也要回归到实际生活中。教师围绕学生的实际生活,从学生熟悉的生活化场景入手,将学习内容和现实生活情境关联在一起,让学生直观地看到学习内容的现实应用和实际意义,激发学生的学习欲望,从而更加主动地参与课堂活动。

> 教师围绕学生的实际生活,从学生熟悉的生活化场景入手,将学习内容和现实生活情境关联在一起,让学生直观地看到学习内容的现实应用和实际意义。

【课例片段 4】高中英语必修三 Unit 2 Reading and Thinking：*Mother of Ten Thousand Babies* 是一篇关于"万婴之母"林巧稚的人物小传。文章按照时间顺序讲述了林巧稚充满艰难抉择的一生，包括求学、婚姻、就业、退休等。这些艰难的抉择无一不体现出林巧稚高尚的道德情操和优秀美德，旨在启发学生思考并学习如何作出更好的人生抉择。

对于高一学生来说，人生抉择有些遥远、抽象。为了让学生更具象地了解人生抉择，教师从生活中一个个小小的选择开始，再循序渐进地深入到人生中更重大的抉择。教师从自己上公开课的衣着选择切入，解释这个选择困难的原因，并说明自己作出该选择的原则。

T：You know, this morning, when I got up, I rushed to my wardrobe. I opened it and began to pick a dress to wear for this class. It was a hard choice for me because I regarded this class as an important occasion and I wanted to look the best in front of you. So I considered all these choices carefully and finally chose this one because this dress can make me look both smart and elegant.

教师在讲述完自己实际生活中的这个选择之后，进行了一个简短的总结：So life is full of choices. Some are daily choices like this one while others are important life choices such as our education, career, marriage and so on.

接着，教师向学生抛出下列问题：

Q1：Have you made any choices recently? What is it?

Q2：Was it a hard choice to make? Why?

Q3：What did you consider when making the choice?

针对这三个问题，学生的产出如下：

S1：Recently，I made a very important choice. I chose physics, chemistry and biology because I want to be a doctor in the future. It's an easy choice for me because I think these subjects can help me get the job.

S2：I chose basketball for my PE class，because I am good at basketball.

S3：I chose physics, chemistry and politics as my subjects，but I'm still considering. I want to change the subjects to politics, history and geography because I think they are more suitable for me. It's a hard choice.

接着，师生一起总结这些选择背后的原则，如个人的兴趣爱好、能力、天赋、未来职业前景等。在这个过程中，学生充分关联自身实际，思考现有的选择原则，从而清晰地定位对于这个话题的认知起点，并在后续的阅读环节中进行更深入的思考和理解。

2. 提问与释疑

问题是思维的起点，是阅读的助推器。而学生的自主提问是学生主动建构文本意义的起点，然后通过阅读对文本意义进行梳理和加工，从有疑走向无疑，进而提升语言能力和思维水平。但自主提问并非只能存在于读前阶段，教师可以在读中、读后适当的时机设计活动，鼓励学生自主提问，不断生疑与释疑，引发学生对文本内容和主题的深度理解和思考。

> 自主提问是学生主动建构文本意义的起点。

要真正让自主提问、自主解疑的阅读课堂教学活动设计成为教师努力的方向（葛炳芳，2021：2）。但自主提问并非任由学生漫无目的地随意提问，高质量的自主提问离不开教师的精心设计和逐步引导。教师可以基于学生的认知冲突、阅读期待以及个人体验来引导学生进行一轮或多轮的自主提问及自主释疑，推动学生主动解构文本。

（1）基于认知冲突

认知冲突（cognitive conflict）指认知发展过程中原有认知结构与现实情境不相符时在心理上所产生的矛盾或冲突，这种矛盾是促进学生积极思维和主动学习的动力（林崇德等，2010：31）。认知冲突的形成能够引发学生的认知矛盾，激发他们的好奇心和探索欲，从而促使他们主动探索、解决冲突。

> 认知冲突的形成能够引发学生的认知矛盾，激发他们的好奇心和探索欲，从而促使他们主动探索、解决冲突。

认知冲突是思维发展的起点，也是思维发展的必要条件（赵国庆等，2018：12）。在阅读教学中，教师可以引导学生去发现阅读文本中与他们现有认知相冲突的锚点，并基于此进行自主提问，促进学生主动思考。

【课例片段5】高中英语必修三 Unit 2 Reading and Thinking：*Mother of Ten Thousand Babies* 是一篇关于林巧稚的人物小传。教师抓取标题中存在的锚点——一万个婴儿的母亲，引导学生基于此开展自主提问：What confuses you about the title? 学生能够快速锁定标题中不同寻常的数字，并对此进行自主提问，生成以下问题链：

Q1：Who is the mother?

Q2：Why is she called the mother of ten thousand babies?

Q3：How could she become the mother of ten thousand babies?

学生带着这些由认知冲突衍生出来的问题主动阅读文本、主动释疑,在消除认知冲突和完善认知体系的过程中,逐步梳理文本信息,形成对新知的理解。

【课例片段6】高中英语必修一 Unit 4 Reading and Thinking:*The Night the Earth Didn't Sleep* 是一篇报告文学,从震前异象、震中破坏和震后重建三个维度描述了 20 世纪 70 年代发生在唐山的特大地震。该文本标题所传递的信息与学生现有的认知存在冲突,睡觉不应该是地球能发起的动作,但作者在标题中运用了拟人的修辞手法,将地球拟人化,从而更好地在感官上引起学生对这场地震灾害的共鸣。这类生动的标题更能引发学生的好奇心和质疑,激发他们探索其背后的含义。所以,教师引导学生基于该标题进行自主提问,生成以下问题链:

Q1：When didn't the earth sleep?

Q2：Why didn't the earth sleep?

Q3：What happened to the earth?

Q4：Why does the author use "didn't sleep" to describe the earth?

可见,学生的思维得到了启动,学生的阅读动机被激发,从而促进学生更主动、更深入地参与阅读活动。在阅读教学中,教师可以利用认知冲突引导学生深入思考,开展思辨活动(陈瑶,2023:18)。学生在分析林巧稚为何被称为"万婴之母"时,会更深度地思考林巧稚对中国妇女、儿童所作的贡献,明白为何一生无儿无女的林巧稚能被尊为"万婴之母""生命天使",明明那么矛盾,却偏偏又如此合情合理。学生在探讨为何作者用 the earth didn't sleep 来隐喻唐山大地震时，会更深刻地体会到当时地震的威力之大、波及之广、破坏之强。这些深度的思考是学生消除冲突、修正认知、重构思维的过程，从而不断丰富和完善自身的认知体系。

（2）基于阅读期待

阅读期待指的是读者在阅读前对阅读材料内容的预期。在语言教学中，阅读期待指的是"主体在接受语言材料及习得语言之前的心理方面的一种具体化表征，是一种渴望获得知识，与外界进行信息沟通的心理状态"（王怡武等，2014：58）。阅读期待是培养学生阅读兴趣的基础，是阅读教学得以有效展开的基础（翁光明，2006：86），它可以激发学生的阅读兴趣和学习动机。带着阅读期待，学生在阅读时能更主动、更专注地寻找相关信息和内容以验证期待，从而增进阅读的效果和体验感。

> 带着阅读期待，学生在阅读时能更主动、更专注地寻找相关信息和内容以验证期待，从而增进阅读的效果和体验感。

【课例片段 7】高中英语必修三 Unit 2 Reading and Thinking：*Mother of Ten Thousand Babies* 一文按照时间顺序讲述了林巧稚充满艰难抉择的一生，凸显了林巧稚甘于奉献、无私付出的美德。本文的主旨句是第一段的末句：These words of Dr Lin Qiaozhi give us a look into the heart of this amazing woman, and what carried her through a life of hard choices. 该句是对全文的总述。教师引导学生关注这句话，并基于此对文本内容进行预测：What do you think will probably be talked about in the following paragraphs? Please raise some questions. 学生自主提问的产出如下：

Q1：What kind of hard choices did Lin experience?

Q2：What did she do when facing these choices?

Q3：Why did she make these choices?

Q4：What carried her through a life of hard choices?

Q5：What did she get from these choices?

学生基于文本总起句的预测比较全面，包括林巧稚的选择本身、选择背后的艰难、作出如此选择的原因和人生信条，以及林巧稚作出这些选择之后的得与失，等等。接着，教师让学生带着这些问题阅读文本，一方面验证自己的预测，另一方面寻找相应的信息来解答这些问题。在好奇心和期待感的驱动下，学生主动开启文本的阅读之旅。

【课例片段 8】高中英语选择性必修二 Unit 3 Reading and Thinking：*Culture and Cuisine* 是一篇说明文，分析文化与饮食之间的内在联系。文章出自一位曾到中国游览的外国人，讲述了其在中国各地品尝美食以及和当地人交流的亲身经历，从不同角度阐释了饮食与地域、历史、传统以及当地人的性格之间的联系，引导学生思考饮食与文化的关系。

本文第一段以一句名言"Tell me what you eat, and I will tell you what you are."引出主题，即食物与性格、文化的关系。第二段的开头两句承上启下，以中国菜举例说明：Certainly, in many ways this seems to be true. Chinese cuisine is a case in point. 教师引导学生关注这两个句子并基于此进行自主预测提问：*A case in point* means a very typical example. So Chinese cuisine is a very typical example to support Brillat-Savarin's saying. Now can you predict what will be talked about in the following paragraphs? Please raise some questions. 学生自主提问的生成如下：

Q1：What kind of Chinese cuisine is mentioned?

Q2：Where are these kinds of Chinese cuisine from?

Q3：What culture and personality does the cuisine show?

Q4：What's the connection between Chinese cuisine and Chinese culture?

学生预测文中会提到不同的中国地区以及这些地区的特色菜肴，这些菜肴能够体现当地的文化和当地人的性格特点。该自主预测提问环节激发了学生对文本强烈的阅读期待，促进了学生的认知和情感投入，有利于接下来的自主阅读释疑环节的开展，增强阅读的效果和深度。

（3）基于个人体验

主动学习的课堂强调学生为课堂的主体，教师应关注学生在课堂中的学习体验。在阅读教学中，学生的体验感尤为重要，学生不仅仅需要理解文本的表层意思，更应该深入体会文本所传达的深层思想。阅读课堂只有提供特别的体验渠道，让学生分享阅读的旅程，保障阅读的体验，才能见证意义的形成（葛炳芳，2013：74）。在课堂中，教师应该为学生提供理解文本所需的必要背景信息，通过角色扮演、多感官体验等活动，不断引导学生去感受和体验阅读文本中的角色、情感、情境和主题等要素，鼓励他们从个人角度出发，深入理解文本内容，从而更好地参与到阅读过程中，发挥他们在课堂中的主体

> 通过角色扮演、多感官体验等活动，引导学生感受和体验阅读文本中的角色、情感、情境和主题等要素，深入理解文本内容。

地位的作用。

【课例片段9】高中英语必修三 Unit 5 Reading and Thinking：*The Million Pound Bank Note* 为文学作品《百万英镑》中两个富豪打赌的戏剧片段，他们打赌一个人是否能够仅凭一张百万英镑的支票在伦敦度过一个月。本文的主要内容是富豪兄弟与误入英国、身无分文的美国人亨利之间的对话，通过一系列的问答，富豪兄弟确定亨利是他们赌局最合适的人选。

富豪兄弟问了亨利很多问题，乍一看没有什么体系，学生阅读起来会有些吃力，抓不到重点，阅读过程也比较乏味。为了激发学生对文本的兴趣，增强他们的阅读积极性，教师从学生的个人体验入手，让学生站在富豪兄弟的角度进行自主提问：If you were Roderick or Oliver, what questions would you ask Henry to see if he was the right person for the bet?

学生在这个环节的参与度非常高，基于个人体验提出了各种各样的问题，例如：

Q1：Are you poor?

Q2：Where are you from?

Q3：Do you have a job?

Q4：What's your personality?

Q5：Do you have any plans?

Q6：Do you need any help?

从学生提出的问题可见，学生对于富豪兄弟赌局的合适人选有着自己个性化和深度的思考。接着，师生基于提出的这些问题，将富豪兄弟对亨利的关注重点进行了概括，例如：nationality, money, job, plan, need, personality 等。这一活动将学生的个人经历以及对故事的初步体验与阅读内容紧密结合在一起，建立对阅读材料的初步理解,而且个性化的提问能够让学生看到自己与文本之间的密切联系,也能直观地看到自己与其他同学之间的想法的共同之处和不同之处,从而提高学生在阅读过程中的投入和主动参与,促进后续的深度阅读和学习。

【课例片段 10】高中英语必修一 Unit 4 Reading for Writing:*Tsunami Hits Asia:Over 6,500 Dead* 是一则新闻,播报的是 2004 年 12 月 26 日发生在印度洋的超强海啸。文中对灾后景象的描述比较充分,但学生并未有过这种经历,对海啸也不太了解,因此无法对文中的描写产生共鸣,阅读过程也比较乏味。鉴于此,教师截取了电影《海啸奇迹》中海啸发生的片段,而《海啸奇迹》取材于 2004 年印度洋海啸的真实事件。

在阅读前,教师让学生闭上眼睛,然后播放了所截取的片段,目的是让学生获得身临其境的体验感。片段中充满了海浪震耳欲聋的冲击声、惊恐的尖叫声、无助的挣扎声、被卷入水中的窒息声等等。学生能够真切地感受到海啸爆发出的惊人破坏力,想象其造成的满目疮痍的景象。接着,教师让学生基于该片段以及文本标题 *Tsunami Hits Asia:Over 6,500 Dead* 进行自主提问,产出如下:

Q1:What caused the tsunami?

Q2:What damage did the tsunami lead to?

Q3:Which areas were most affected?

Q4:How did the people feel?

Q5:What challenges did the rescue team meet?

Q6:What are the early warnings of tsunamis?

Q7:How can we prevent tsunamis from happening?

基于个人的多感官体验,学生对海啸有了更加丰富的认知，对自然灾害有了更加深刻的理解，自主提问环节提出的问题更加全面，在后续的自主阅读释疑环节，学生对文中的灾难描写有更强的共鸣，阅读的体验感得到提升。可见，自主提问能够"激发学生学习动机、促进学生思维深度生长和提高学生学习效果"（宋颖超，2024:58）。

3. 整合与建构

语言课堂要以意义加工为主线（葛炳芳，2023:4）。在探究和加工主题意义时，教师要"帮助学生建构和完善新的知识结构，深化对该主题的理解和认识"（教育部，2020:16）。在整合和建构的过程中，学生梳理文本的行文脉络、逻辑结构和主题意义，对文本信息进行有意义的筛选，并基于此对筛选出的信息进行分类重组，形成自己对文本的深层次理解。

> 在整合和建构的过程中，学生梳理文本的行文脉络、逻辑结构和主题意义，对文本信息进行有意义的筛选和分类重组，形成对文本的深层次理解。

教师需要依托学生的内容加工，协助学生在意义协商的过程中对内容作出结构化的梳理（葛炳芳，2024:54）。学生意义协商的过程离不开教师的协助和指导。教师可以依托引导性问题、可视化工具以及示范性引领来帮助学生理解、整合、回应文本信息，梳理文本主线，挖掘文本主题，在主题意义的引领下感知和内化文本中的话题语言和功能语言，建构阅读文本的结构化知识图，完善自身的知识体系，促进课堂学习的高质、高效开展。

（1）依托引导性问题

学生是阅读课堂的主体，学生的自主提问、自主释疑推动着课堂的走向，但阅读课的顺利、高效开展也离不开教师适时、适当的帮助和引导。主动学习的课堂并非放任学生自说自话，放任课堂杂乱无章，而应是井然有序、方向明确、规划科学的。教师应当在充分解读文本的基础上，设计"精、少、实、活"的问题激活课堂，精炼教学内容与过程，使教学行为直指教学目标，达到高效课堂的目的"（姚彬，2015：45）。这样的问题能够引导学生紧紧围绕主题意义，整合零散信息，探究深层含义，建构知识体系。这类问题可以称之为"引导性问题"。

> 引导性问题能够引导学生紧紧围绕主题意义，整合零散信息，探究深层含义，建构知识体系。

引导性问题（guiding questions）往往是学生主动开展意义加工过程的主线（葛炳芳，2023：5）。指向结构化梳理和主题意义探究的引导性问题能够将文本的内容、思维和语言有机融合，有效推进学生对文本内容的主动解构、有机整合以及快速结构化，将学生的思维能力推向更高的层次。

【课例片段11】高中英语必修二 Unit 1 Reading and Thinking 板块以 Understand how a problem was solved 为主题，阅读文本 From Problems to Solutions 以阿斯旺大坝的成功修建为例来阐释文化遗产保护和社会经济发展的平衡之道。基于该主线框架，教师设计了以下两个引导性问题：

Q1：Could you summarize the three steps of problem-solving? What are they?

Q2：What do you think of these steps? Why do you think so?

这两个问题有效地引导学生理解和整合表层信息，总结出成功解决阿斯旺大坝修建问题的三大关键步骤以及各个步骤的关键特征，逐步梳理出本文的信息结构图和结构化知识图（见图 3.4、图 3.5）。这两个图形成了一条明晰的线索，加深了学生对文本内容、结构和主题的理解和思考，也为后续的运用和表达环节提供了语言和意义的脚手架。

> 信息结构图和结构化知识图能加深学生对文本内容、结构和主题的理解和思考，为后续的运用和表达环节提供语言和意义的脚手架。

图 3.4 必修二 Unit 1 *From Problems to Solutions* 的信息结构图

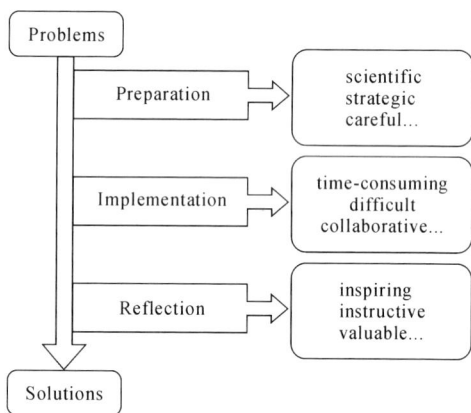

图 3.5 必修二 Unit 1 *From Problems to Solutions* 的结构化知识图（洪燕茹，2024:20）

【课例片段 12】高中英语必修二 Unit 3 Reading and Thinking：*Stronger Together：How We Have Been Changed by the Internet* 以第三人称的口吻讲述了 Jan Tchamani 的故事，凸显人们因互联网而团结并变得更加强大的主题思想。

教师基于该文本主题设置了如下引导性问题：In what ways has the Internet changed Jan? Find evidence. 学生的产出丰富，提到了 Jan 在工作、社会角色、心态等方面的变化：

Social role：from a helpless woman to an enthusiastic helper

Mood：from being lonely and bored to being passionate and inspired

Job：from jobless to a pioneer in using the Internet to make the society better

Life：from meaningless and aimless to meaningful and inspiring

这一引导性问题为学生搭建了深度自主阅读、梳理线索、感知语言、提炼文本主题思想的支架，加深了对文本的理解，感知与互联网相关的话题语言并建构意义。

（2）依托可视化工具

可视化工具在英语课堂教学中具有重要作用。学生在课堂中的思维过程大多是隐性的、潜意识的，对阅读文本的语言、内容、结构和主题的印象往往是零碎的、模糊的，这说明学生并没有在课堂中将零散信息结构化，也没能在学习完文本之后形成新的认知图式，这大大影响了学习效果。可视化工具可以有效地帮助学生将思维显性化、逻辑化，"将杂乱或零散的信息转化为一种结构化的

可视化工具可以有效地帮助学生将思维显性化、逻辑化，"将杂乱或零散的信息转化为一种结构化的知识，帮助学生形成新的认知图式"。

知识，帮助学生形成新的认知图式""认知图式具有易于储存、迁移、提取等特点"（卢雪峰，2022：41）。阅读文本之后形成的认知图式能够让学生更清晰地看到各个信息点之间的逻辑联结，有助于理解和内化学习内容，提高信息梳理和知识建构的能力。

可视化工具种类繁多，例如思维导图、流程图、信息表、信息结构图等，都广泛运用于课堂教学。可视化工具能够吸引学生的注意力、增加课堂的趣味性。然而，课堂

课堂上使用的可视化工具并非随意选择，而是教师经过对文本的深入解读和精心梳理后做出的精心设计和选择。

上使用的可视化工具并非随意选择，而是教师经过对文本的深入解读和精心梳理后做出的精心设计和选择。而且，根据学生自主阅读能力和语言能力的差异，教师应当区别对待，注意循序渐进，逐步将使用可视化工具的选择权和自主权还给学生，让学生体会到自己在课堂中的主体地位，从而更主动、更深度地参与到课堂中。

【课例片段 13】高中英语必修三 Unit 2 Reading and Thinking：*Mother of Ten Thousand Babies* 讲述了林巧稚充满艰难抉择的一生，包括求学与婚姻之间的抉择、服务祖国与工作机遇之间的抉择、权力与初心之间的抉择、退休与继续服务人民之间的抉择，等等。这一个个的抉择贯穿全文，但却散落在林巧稚的各个人生阶段，不那么明晰，学生在阅读时容易遗漏重点信息。为了便于学生更加精准地定位重点信息，厘清各个信息间的逻辑关系，

也为了激发学生的阅读兴趣和参与热情,教师选择了天平作为该文本的可视化工具(见图3.6)。

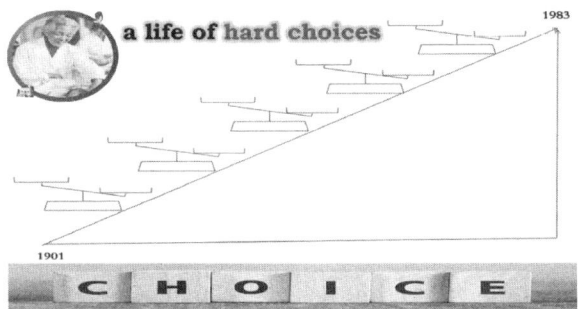

图3.6　天平:梳理林巧稚艰难抉择的一生的可视化工具

一个天平表示林巧稚的一次人生抉择(choice),天平两边的秤盘是林巧稚拥有的选择(options),重的那一端是林巧稚最终的抉择,天平的底座表示的是使得这些抉择艰难的原因。例如,林巧稚在18岁时面临了两个选择:一是和当时大部分女孩一样结婚成家,二是继续求学。林巧稚非常坚决地选择了学医,但做出这个抉择在当时是非常艰难的,因为当时的时代背景和传统观念使得林巧稚的抉择变得另类,图3.7是一位学生在课堂中生成的关于林巧稚这个抉择的天平。

这一可视化工具将林巧稚的选择具象化,帮助学生迅速理解和整合文本信息,将各个选择背后的关键点进行联结,有助于深度探究文本的主题意义和建构新的认知图式。

除了比较具象的可视化工具,简单的空白表格也可以成为帮助学生整合与建构信息的有效工具。下面仍以 *Mother of Ten Thousand Babies* 一文为例。

【课例片段14】教师在引导学生找出林巧稚各个抉

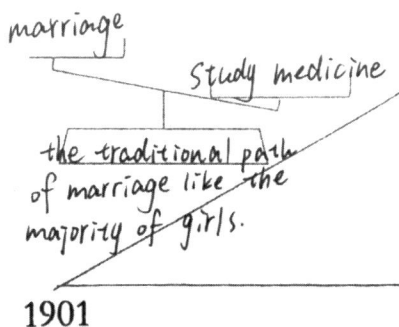

图 3.7　学生生成的一个天平（结婚或者学医）

择的具体信息（如时间、选择、原因、困难等）之后，给学生提供了一个空白表格，让学生按照自己的个性化理解去设计这个表格，整合从文中获取的各种细节信息并进行归类整理，进而形成林巧稚的个人简历。在这个过程中，学生积极思考，充分发挥主观能动性，最后呈现的表格丰富多样，这代表着学生对文本信息的个性化整合和对主题意义的有效建构。

可视化工具可以是教师的精心设计，也可以是师生

> 可视化工具可以是教师的精心设计，也可以是师生在意义协商中的共同所得，还可以是学生自己的选择或创造。

在意义协商中的共同所得，还可以是学生自己的选择或创造。考虑到学生的不同学习风格和思维的活跃度，以及对个性化表达的需求，教师可以让学生充分发挥想象力和创造力，自己来设计可视化工具，以表达自身的个性化理解。

【课例片段 15】学生梳理完林巧稚的各种抉择、面临的困难、抉择背后的原则以及林巧稚所取得的成就之后，教师让学生画一幅思维导图来阐释这几个关键元素之间

的关系：What is the relationship between choices，difficulties，principles and achievements? Draw a mind map to explain it.

这个任务是学生非常喜欢的个性化教学活动，适合所有层次的学生，而且思维导图"运用图文并重的技巧"，能够将"各级主题的关系用相互隶属与相关的层级图表现出来"（钱剑英等，2015：59），从而将非常抽象、难以表达的思维比较清晰地呈现出来。虽然学生不一定能用很流畅、很到位的语言阐释自己的想法，但一个好的思维导图足以彰显出学生的理解程度和思维深度。图 3.8 与图 3.9 是两位学生在课堂中生成的思维导图。

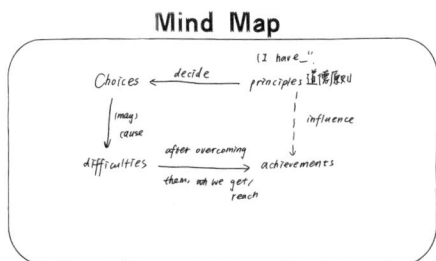

图 3.8　学生 1 思维导图

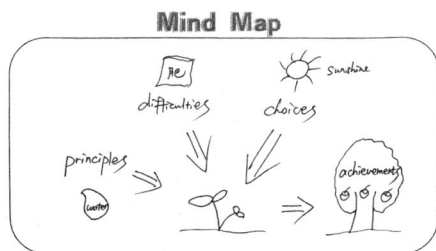

图 3.9　学生 2 思维导图

两位学生在全班同学面前展示着自己的思维成果，

虽然阐释过程中的语言没有那么完美,但是两位同学都对自己的思维导图非常自信,因为这是他们个性化的解读,是独一无二的,而全班同学也给予了这两位同学极大的肯定。

学生通过设计丰富多样的思维导图来展示自己的学习成果,利用适合自己的可视化工具来帮助整合碎片化信息,从而促进深度理解。这不仅使课堂更加生动有趣,还能帮助学生更好地理解和探究文本,促进学生更主动、更深度地参与课堂活动。

(3)依托示范性引领

学生是主动学习课堂中的参与主体,但这并不意味着教师应完全放手。教师需要掌握"进退有度"的艺术,既要学会适时退让,也要寻找合适的契机,在关键时候引领课堂、发挥示范作用,协助学生更高效地整合与建构文本意义。

一些学者关注独立学习的社会性,建议通过让学生模仿教师的行为(modelling behavior)来促进独立学习(参见 Meyer 等,2008:34)。教师的"进"是为了更好地"退",适时、适量地给予学生示范能够降低活动难度,优化学生生成,提升其课堂参与度。

> 教师的"进"是为了更好地"退",适时、适量地给予学生示范能够降低活动难度,优化学生生成,提升其课堂参与度。

【课例片段 16】高中英语选择性必修一 Unit 5 Reading and Thinking:*A Pioneer for All People* 是一篇关于著名农业科学家袁隆平的传记,文本歌颂了袁隆平的杰出贡献和伟大情怀,称其为造福全人类的开拓者。通过了解他的事迹,学生不仅能感受一位科学家的执着与奉献,也能对农业、对人类的生存与发展有更深入的思考。

　　课堂前期一系列的活动帮助学生初步梳理了袁隆平的生平事迹和各方面信息。接着,教师让学生基于所获取的信息来剖析袁隆平成为造福全人类的先驱者的根本原因,并为学生提供示范性引领:Yuan was an industrious farmer who continually worked the land in his research. 参照这个范式,学生能迅速抓住该活动的教学目的,快速定位该活动所指向的文本信息,并基于此自主剖析袁隆平成为"A Pioneer for All People"背后的原因,深入探究主题。在教师的示范引领下,学生的思维得到很好驱动,在这一环节的产出也非常丰富,例如:

　　S1:Yuan was a committed scientist who devoted all his life to agricultural research and cared little for celebrity or money.

　　S2:Yuan was a creative dreamer who had great vision for the future of agriculture.

　　S3:Yuan was an enthusiastic doer who kept making intense effort and had the ongoing ability to fulfill his dreams.

　　S4:Yuan was a selfless person who chose to study agriculture rather than science or medicine in order to tackle the crisis of world hunger.

　　S5:Yuan was a national hero who fed millions of people in China and abroad.

　　(洪燕茹,2023:8)

　　学生深入地剖析、整合了文本中的零散信息,将文本信息主题化、结构化,建构了对袁隆平以及对"A Pioneer for All People"这一概念更具体、更完善的结构化知识。在教师未给出示范时,学生在该环节的产出比较随心所欲,缺乏体系,很多同学都聚焦了袁隆平的品质,如

selfless、devoted、hardworking、generous、full of vision 等。这些品质的确非常重要,但这样的生成缺少了对本质的挖掘和系统性的思考,导致学生的思维还是停留在浅层次。

> 课堂责任的转换要根据学生的认知水平、学习层次以及思维能力逐步进行,这个过程离不开教师的支持和引导。

根据 Fisher & Frey 的"责任逐步释放"教学框架,课堂责任需从教师责任(Focused Instruction & Guided Instruction)逐步转换为学生责任(Collaborative Learning & Independent Learning)(2021:4),但这绝非一蹴而就,而要根据学生的认知水平、学习层次以及思维能力逐步进行,这个过程离不开教师的支持和引导。教师为学生提供的引导性问题、可视化工具以及示范性引领能够很好地促进学生主动参与课堂活动,从而培养学生主动学习、深度思考的能力,让学生逐步承担更多的学习责任。

4. 运用与表达

高中英语课标倡导"学习理解、应用实践、迁移创新等一系列体现综合性、关联性和实践性等特点的英语学习活动"(教育部,2020:13),可见,读后的运用与表达环节是英语阅读课堂不可或缺的重要环节,

> 读后的运用与表达环节是英语阅读课堂不可或缺的重要环节,能够帮助学生应用、内化、迁移所学的内容、思维和语言。

能够帮助学生应用、内化、迁移所学的内容、思维和语言。

在综合性的语言实践活动中,教师要关注学生的生活经验和认知水平,选择既有意义又贴近学生生活经验

的主题,创设丰富多样的语境,激发学生参与学习和体验语言的兴趣,以使学生能够在语言实践活动中反思和再现个人的生活和经历,表达个人的情感和观点,在发展语言技能的同时,提高分析问题和解决问题、批判与创新的能力(教育部,2020:39)。为了激发学生运用与表达的欲望,教师应挖掘学生与文本的密切联系,设计紧扣文本的问题情境,提供源自于文本的表达支持,促进学生主动解决问题,从而达到内容、思维和语言三者的高度融合,让学生在面对问题情境时,内容上有依托,思维上有支撑,语言上有支持,进而更有效地表达和解决问题,更高效地参与课堂、迁移所学、完善知识架构。

> 内容上有依托,思维上有支撑,语言上有支持,进而更有效地表达和解决问题,更高效地参与课堂、迁移所学、完善知识架构。

(1)借助问题情境

运用与表达并非脱离文本的盲目拓展,也不是不切实际的漫天讨论。回归文本是拓展运用的前提,真实问题是读后活动的重要资源(葛炳芳,2018:6)。因此,读后的运用与表达环节应是基于语篇又超越语篇的迁移与创新,以实际生活中的真实问题为落脚点,充分调动学生解决真实问题的积极性和主动性,引导学生将从文本中所获取的内容、思维和语言在创设的新情境中进行重组和运用。

> 读后的运用与表达环节应以真实问题为落脚点,引导学生将所获取的内容、思维和语言在新情境中进行重组和运用。

【课例片段17】高中英语必修二 Unit 1 Reading and Thinking:*From Problems to Solutions* 一文,通过讲述阿斯旺大坝的修建过程来引导学生思考文化遗产保护和社会经济发展的平衡。教师用保护长城和发展旅游业（经济）之间的现实矛盾冲突（如胡乱涂鸦、随地丢垃圾、非法攀爬、城墙磨损等）引入文本阅读。在读后环节，教师回归到这个问题，让学生基于课堂所学，尝试解决这个现实存在的问题，小组合作完成长城保护计划，包括 Who（谁来解决）、What（具体措施）以及 Why（为什么采取这样的措施）（见表 3.1）。

表 3.1　小组合作项目：长城保护计划

The Great Wall Protection Project			
Steps	Who	What	Why
Step 1 _____			
Step 2 _____			
Step 3 _____			

　　该问题紧扣文本主题内容，是文本所述阿斯旺大坝修建问题的同类问题，虽然这个问题离学生的生活也有些远，但是因为教师在前期已经激发出了学生对长城这一文化遗产的认知和民族认同感，而且该问题有一定的挑战性，并非能照搬文本中的解决方法，而需要根据问题的实际情况进行变化，因此，该活动可以调动学生解决该问题的主动性。

　　【课例片段 18】高中英语选择性必修三 Unit 1 Reading and Thinking：A Short History of Western Painting 是一篇知识性小品文，让学生了解西方绘画发展史，掌握不同时期的绘画风格与特点，探究绘画发展背后的重要原因。教师在读后环节呈现了四幅实物画，这些画的风格分别匹配西方绘画的发展阶段，即 the Middle Ages、the Renaissance、Impressionism 和

Modern Art 四个时期。教师让学生观察这些画的风格特点，确定它们所属的时期，然后创设了一个真实问题情境：Among these paintings, which one would you choose to decorate our classroom? Why? After the discussion and sharing, we'll have a vote on the paintings, and I'll give you the one that receives the most votes as a present to decorate the classroom. 本活动旨在让学生回顾不同时期西方绘画的特点，并通过选择画作以及解释自己的选择来讲述这些特点，表达对这些画的个性化理解和真实感受。这与这个板块"Learn about different painting styles in Western art"的主题是契合的，而且这样的真实问题情境比直接让学生回顾、复述全文的信息更具吸引力和趣味性，能够很好地激发学生参与课堂的意愿，让学生主动地运用，积极地表达。

有的教师在这个环节让学生为当地博物馆正在筹备的一次画展选择画作，但该情境与学生的生活相距甚远，缺乏真实性，不利于激发学生的参与积极性。关注拓展，不仅仅是关注文本内容的拓展，还要关注基于文本内容与相关语言和思维的拓展，更要关注运用新语言解决问题的真实交际能力的拓展（葛炳芳，2015：44）。由此可见，真实的问题情境以及真实的交际需求是促进学生运用与表达新语言的重要助力。

（2）借助表达支架

语言课堂的出口在于语言的迁移和创用。学生不仅要掌握语言知识，还要将所学语言灵活地迁移到

教师应适时、适量地提供内容、思维以及语言层面的表达支架，帮助学生在意义和语言的支撑下表达思维。

不同情境中，用恰当、得体的语言表达自己的思维。但在

当下的高中英语阅读课堂中，部分学生在读后活动中的语言运用和表达并不理想。因此，教师应该适时、适量地给这些学生提供内容、思维以及语言层面的表达支架，帮助学生在意义和语言的支撑下，更清晰、更深入地表达自己的思维，有的放矢，扶放有度，逐步提高学生的语言运用和表达能力。

【课例片段 19】在教学高中英语必修二 Unit 1 Reading and Thinking：*From Problems to Solutions* 时，教师让学生基于课堂所学，通过小组合作完成长城保护计划（见表 3.1）。教师根据课堂中梳理出来的文本信息结构图和结构化知识图（见图 3.4、图 3.5），给学生提供了语言和意义两个层面的表达支架（见表 3.2），助力学生运用课堂所学，优化课堂生成，提升语言运用能力。

表 3.2 长城保护计划项目的表达支架

Steps	Who	What	Why
Step 1 **preparation**	committee; departments; international community; experts; ...	establish; limit; prevent; ask for; raise funds; investigate; conduct tests; make a proposal; sign; ...	scientific; strategic; careful; ...
Step 2 **Implementation**	governments; environmentalists; engineers; workers; ...	move; rescue; donate; ...	time-consuming; difficult; collaborative; ...

续表

Steps	Who	What	Why
Step 3 **Reflection**	all the countries	a great success; a path to the future that did not run over the relics of the past; possible for countries to work together; the global community…	inspiring; instructive; valuable; …

在这些表达支架的支撑下，学生的产出明显提升了，不仅逻辑清晰、条理分明，而且语言使用比较恰当。可见，这些支架有助于学生在产出时做到内容、思维和语言的统一。但是，需要注意的是，"随着学生的获取和发展能力的提升"，教师应当有意识地逐步"消除支架"（Montalvo *et al.*，2004：18），避免学生对支架形成过度依赖而阻碍其主动、深度地学习。因此，在实际教学中，教师需要根据学生的学情、文本的难度以及活动的复杂程度，合理地提供适切度高的表达支架，促进学生对语言的运用和内化。

> 教师要根据学生的学情、文本的难度以及活动的复杂程度，提供适切度高的表达支架，促进学生对语言的运用和内化。

（3）借助生本联结

学生的课堂学习是一个螺旋式上升的过程。每堂课的认知起点是学生的已知图式和已有经验等，而每堂课的认知终点是学生通过课堂学习而形成的更加完善的知识体系以及提升的能力。但是，学生对这个过程往往是没有具体感知和意识的，教师应该引导学生有意识地进教师应引导学生有意识地进行生本联结，感知学习增值，感受习得的知识和理念对自己的助益，从而更主动地参与课堂活动。

行生本联结，即学生自身与文本的联结，感知自己通过这堂阅读课而获得的学习增值，并且真切地感受自己习得的知识和理念对自身实际生活和个人成长的助益，从而更愿意、更主动地深入参与课堂活动，形成良性循环。

【课例片段 20】在教学高中英语必修二 Unit 1 Reading and Thinking：*From Problems to Solutions* 时，教师在课堂的最后设计了一个生本联结的环节，即 Text-to-Self Connection：What impresses me most about the text? What have I learned from this text? How will it influence my life?

学生的生成既基于文本内容，又联系了自身实际。学生提到了保护文化遗产的重要性、团结的力量、自己以后遇到难以解决的困难会寻求团体（community）的帮助、要学会用科学的方式解决问题等等，从文本延伸到了自身，实现了对文本内容、思维和语言有意义的运用与表达。

这类生本联结是比较笼统的，几乎适用于所有阅读文本。教师也可以根据文本具体的主题内容，有针对性地设计生本联结活动，让学生的反思和提升更聚焦，更有成效，也有助于学生对文本知识的运用与表达更加精准。

【课例片段 21】在教学高中英语必修三 Unit 2 Reading and Thinking：*Mother of Ten Thousand Babies* 时，教师在最后环节设计了如下生本联结活动：Which life principle of Lin inspires you the most? What lesson can you learn about making choices in life? 这个活动旨

在让学生回顾林巧稚艰难抉择的一生背后所承载的人生原则，然后反思自己现有的人生原则，思考林巧稚给自己带来的启示，从而在以后的人生道路中做出更好的选择，成为一个更好的人。

教学的过程同时也是评价学生学习效果的过程。在这一过程中，学生也应该成为评价自己学习的主体（教育部，2020：69）。"增加学生的主体性使学生变得更能自我反思，他们通过评估自己所掌握的知识及其建构过程来学习"（Lombardi 等，2021：30）。反过来说，引导学生基于文本和知识建构过程自我反思，也能增强学生在课堂中的主体性和活动的主动性。在生本联结的过程中，学生主动联系课堂所学与个人经验，聚焦自身的学习增值，将新知融入现有的知识体系中，从而完善自身的知识体系，形成新的认知起点。

> 引导学生基于文本和知识建构过程自我反思，也能增强学生在课堂中的主体性和活动的主动性。

（二）活动实施

1. 充分时间

语言学习中的阅读和思考是一个复杂的过程，要求学习者与目标语言的文本进行互动，理解内容，感知思维，解码语言，建构意义，关联自身，并达成对世界、他人和自我深度的理解。虽然高中生已拥有较高的认知水平和语言水平，保证其充足的阅读、思考和候答时间，能有效防止学生产生紧张焦虑情绪，确保阅读活动

> 保证充足的阅读、思考和候答时间，能有效防止学生产生紧张焦虑情绪，确保阅读活动的完成质量。

的完成质量。

（1）阅读时间

在激活和关联自身图式的基础上，学生带着自主生成的问题，开启自主阅读。学生是匆忙扫视单词，草草了解大意，停留在表面意义上，还是浸润在有意义的学习中，从语言贯通到内容和思维，由浅至深地到达理解的彼岸，关键在于教师能否提供长时间无干扰的阅读思考时间（楼优奇，葛炳芳，2023：103）。长时间无干扰

> 从语言贯通到内容和思维，由浅至深地到达理解的彼岸，关键在于教师能否提供长时间无干扰的阅读思考时间。

的阅读指的是在明确阅读目标的前提下，学生对文本进行较长时间的专注阅读，过程中没有来自教师或同伴的干扰。当阅读时间充足时，教师既可以兼顾广度，保证不同阅读水平的学生完成阅读任务，又能促成深度理解，使学生对文本信息的深度加工成为可能。

【课例片段 22】高中英语必修三 Unit 2 Reading and Thinking：*Mother of Ten Thousand Babies* 课文共有499 词。虽然没有权威量表对高中学生的英语阅读速度设定标准，但依据《中国英语能力等级量表》，高一学生属于三级水平，听力理解速度达到 80—100 词/分钟（中华人民共和国教育部，国家语言文字工作委员会，2024：9）。参考该速度，阅读全文时间大致应在 5—6 分钟。

在实际教学中，第一位教师引导学生对标题进行自主提问，随后让学生阅读 3 分钟后立刻回答。由于阅读时间不充分，学生产出困难，且非常有限。而第二位教师同样引导学生自主提问，但是让学生进行了超过 10 分钟的无干扰阅读，其间未开展集体提问和答疑活动。学生在进行充分并专注的阅读后，口头产出不仅准确，而且语

言质量高。

表 3.3　阅读教学中提供不同时长的阅读时间后学生不同的产出

第一位教师开展教学	第二位教师开展教学
T：What are you curious about when you read the title? S：Who is the mother? How can she raise ten thousand babies? （3 分钟阅读时间） T：Can you answer the questions? S：Her name is Lin Qiaozhi. T：Then how can she raise ten thousand babies? S：Er, … Sorry, I don't know.	T：What questions come to your mind when you read the title? S：Why does she have so many babies? Who is she? … （10 分钟阅读时间） T：Have you figured out the answers? S：She is Lin Qiaozhi, a doctor who helps deliver ten thousand babies.

　　由此可见,在教师提供长时间的无干扰阅读时间条件下,不同水平的学生在心理上感到放松,获得安全感,能够利用充足的时间,按照适合自己的节奏,完成了理解词汇、分析语法结构、加工内容图式等复杂的认知活动,并且提高了语言产出的质量。

　　(2)思考时间

　　不论是考虑外语学习的本质,英语的学科功能,或是当下培养创新人才的需求,"学思"并行、并用和并重都是当务之急(黄远振等,2014:63)。课标中提出的四大核心素养之一——思维品质的发展目标如下:学生能辨析语言和文化中的具体现象,梳理、概括信息,建构新概念,分析、推断信息的逻辑关系,正确评判各种思想观点,创造性地表达自己的观点,具备多元思维的意识和创新思维的能力(教育部,2020:6)。在阅读过程中,学生要运用辨析、梳理、概括、建构、

> 培养逻辑思维、批判性思维和创新思维,高质量地完成阅读活动,均需建立在拥有充分思考时间的基础上。

分析、推断、评判等多元思维技能，培养逻辑思维、批判性思维和创新思维，高质量地完成阅读活动。这一过程需建立在拥有充分思考时间的基础上。

基于以上培养目标，教师既要引导学生自主提出围绕文本主线、有思维聚焦的有效问题链，又要确保学生拥有充足的思考时间来进行自主释疑。

另一位教师在教 *Mother of Ten Thousand Babies* 这课时，引导学生针对标题、配图和首段开展自主提问，提出聚焦林巧稚职业和个人品质的问题链，并通过自主阅读，梳理了林巧稚一系列的人生重大选择，如教育、婚姻、职业等，总结出她的个人道德品质，如勤奋善良、无私助人、淡泊名利等。整个过程中，教师充分考虑学生的认知水平和认知规律，依照其阅读进程和节奏，为其提供了长达 14 分钟时间用以观察配图和阅读文本，从学生回答和现场反应来看，充足的思考时间提升了学生理解和表达的质量。

T：What do you think will be talked about in the text according to Paragraph 1?

S1：What are the choices?

S2：Why did she make these choices?

S3：What did she do when facing the choices?

S4：What did she get after making the choices?

（14 分钟阅读时间）

T：Any volunteers to share with us your findings?

S5：I want to have a try. At the age of 18, she chose to study medicine, not like most girls at that time. After she became a physician, she was sent to study in Europe, where her American colleagues invited her to stay. Er, she chose to reject the offer because she wanted to serve the women and children at home. During the war, the OB-GYN department was closed so she chose to open a private clinic, charge very low fees to treat patients and even ride a donkey to remote villages to provide medical care.

T: Amazing! You've shared three important choices by Lin. Any other choices?

S6: The new People's Republic of China witnessed her being elected to the first National People's Congress. But eventually she chose to return to her position as a doctor, researcher and tutor to train young doctors. During the last days of her life, she even chose to donate her savings to a kindergarten and set up a fund for new doctors.

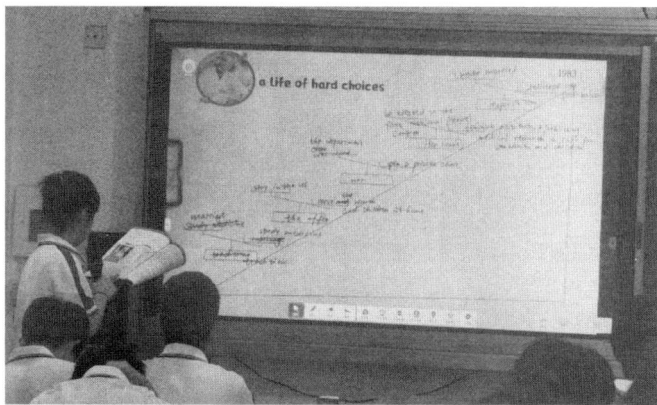

图 3.10　学生利用充足的思考时间梳理林巧稚的人生
选择并展示成果

基于以上分析,在学生面对思维要求较高的问题时,充足的思考时间能增强其学习的安全感,使其感受到自己的学习需求得到老师的尊重,降低因阅读文本的复杂性带来的焦虑,使其以安定的情绪投入阅读过程,提取并整合文本中相关信息和语言表达,梳理问题和文本间的逻辑关系,形成语言顺畅、逻辑合理甚至较大体量的输出,学用结合,极大地提升其思维品质和语言能力。

（3）候答时间

阅读教学课堂的生命力,集中体现在学生阅读后的生成——学生能准确理解文本,推断作者观点,探究主题意义,并结合自身经验,创新性地应用于新的问题情境中,以解决问题。除了提供充足的阅读和思考时间,要实现学生丰富而有效的生成,教师还需对学生的输出困难表现出足够耐心,即要为学生留出足够的候答时间。以学生回答问题的时间点为参照点,候答可分为两类:第一候答指教师在提出问题之后,学生回答问题前的等候时间,第二候答指学生回答问题期间,遇到内容理解和语言组织等困难时,教师或同伴等候的时间。阅读教学中的问题分为展示型问题、参阅型问题和评估型问题（梁美珍等,2013：6-7）。展示型问题促进学生对文本信息的识记和理解,参阅型问题有助于学生在了解文本基础上,理解文本特征、写作特点、写作意图等内涵,而评估型问题则有利于学生在梳理基本信息和文本内涵后,对文本主题、作者观点等进行深度思考和评价。一般来说,学生回答展示型和参阅型问题时较依赖文本,第一候答时间和第二候答时间预留少一些,评估型问题要求学生结合自身原有认知,对主题进行深度探究,需要较长的候答时间。在候答过程

> 要实现学生丰富而有效的生成,教师还需对学生的输出困难表现足够耐心,即要为学生留出足够的候答时间。

中,学生内心正经历理解文本内容和语言表达的种种困难,但教师往往会因为上课节奏、时间等原因,忽略学生的挣扎时刻,催促或打断学生的表达。这容易造成其情绪紧张,无法生成、修改或替换生成的内容或语言,甚至挫伤其学习的主动性。就第一候答来说,教师应该在过程中随时了解学生的阅读和思考进展,以调整等候时间。第二候答过程中,教师则需表现足够的耐心,给予学生足够的时间来调整紧张情绪、思考答案以及组织语言,满足其安全感和尊重感的个人需求。

【课例片段 23】高中英语必修三 Unit 5 Reading and Thinking:*The Million Pound Bank Note* 是一个剧本,教师引导学生观察文本特点。

T:Please observe this text. How is this text different from others?(第一候答时间 6 秒)

S1:There are many names.

T:We call them characters. What else? Other differences? Would you have a try?

S2:…Action.(第二候答时间 3 秒)

T:How about this one?

S2:…Emotion.(第二候答时间 3 秒)

T:We can call them stage directions.

该案例中,教师提出展示型问题和参阅型问题,学生只需观察文本便能理解和识记,所以提供的第一候答和第二候答时间均较短,但学生理解准确且产出较顺利。

在教学 *The Million Pound Bank Note* 的另一节课中,教师引导学生学习文本,思考在下一幕中 Henry 可能的遭遇。

T:What might happen to Henry in the following act?(第一候答时间 10 秒,教师环顾教室,观察学生表情)

S1：He may enjoy delicious food and … wear good clothes.（第二候答时间 2 秒）

S2：Go to the upper class and … help the poor people.（第二候答时间 3 秒）

S3：Maybe start a company and make money himself.

S4：… He may return the bank note to the brothers and go back home.（第二候答时间 2 秒）

T：Wow, you have so many predictions based on reading this act.

本案例中的问题需要学生综合梳理文本的信息，结合自身的生活经历，推断 Henry 接下来一幕中的可能经历，属于评估型问题。教师提供长达 10 秒的第一候答时间，让学生拥有额外的思考、组织内容和语言的时间，同时做好心理建设，鼓足勇气主动回答问题。

两个案例充分说明：教师按照问题所属类型，考虑学生的学习节奏和进度，观察学生的学习行为和表情，给予合适的候答时间，满足其安全需求和尊重需求，激发其主动参与的积极性，并做好充分的表达准备。

2. 教师支持

充足的阅读时间、思考时间和候答时间构成学生主动学习的外在保障。同时，教师也要给予充分的支持，在学生自主阅读过程中扮演多重角色，如参与者、引领者和促进者等，与学生互动中采用协商语气，为学生提供选择机会，并对其投入个体关注，以调动其主动学习的积极性，在理解和表达中培育核心素养。

（1）协商语气

为了克服对话失败引发的障碍，师生会在课堂互动中进行意义协商。其间,教师试图采取各种交际策略,通过减慢语速、重复改述、理解确认和澄清请求等诱发互动调整机制,从而帮助学生达到顺利交际的目的(Pica,1994:494)。在此过程中,教师采用协商语气而不是强硬的压迫语气,能给予学生充分的安全感,帮助学生解决思维和语言的障碍,达成准确的理解和表达。教师可使用特定的语言表达形式,并辅以身体语言来达成协商语气。

> 教师可使用特定的语言表达形式,并辅以身体语言来达成协商语气。

【课例片段 24】高中英语必修二 Unit 1 Reading and Thinking：*From Problems to Solutions*,教师引导学生理解语篇细节——参与阿斯旺大坝工程的人员时,学生遇到词汇和句子层面的理解困难。教师首先建立共情,说明这是生词,出现理解困难实属正常;其次,提议与学生一起先解决简单问题;最后使用"OK?"等话语征求学生的意见。

T：And then who joined the project?

S1：Experts.

T：Right,experts. What did they do?（教师弯腰倾听学生的发言）

S1：They investigated the issue,and conducted several tests,and then made a proposal for how the buildings could be saved.

T：Right. Right. There are several new words, new vocabulary some of you find difficult to understand. So let's solve the simple questions first. OK?（协商的轻柔语气）Tell me,um,here. What is "investigate the issue"? Yes,yes. It means?（积极的

鼓励语气）

S2：Research.

T：Research. Thank you very much. To research the problem. OK，to do some further studies about the problem. That is "investigate".

由此可见，要促进学生主动参与课堂阅读中理解和表达活动，教师要秉持与学生一起学习、愿意帮助学生共同解决问题的原则，主动营造友好和平等的学习氛围，在课堂互动中使用协商语气和措辞，采用微笑、对视、弯腰等身体语言，让学生形成"就算犯错也无大碍，老师不会责备我，会与同学一起帮助我解决问题"的心态，让学生在理解和表达的过程中，感受到内心充盈的安全感和舒适感，增强其主动学习的意愿，发展主动学习的品质。

（2）选择机会

在课堂学习活动中，学生自主进行学习决策，这不仅能彰显其自主阅读课堂主人的身份，而且有助于他们达成积极的学习成果，获得教师和同伴的尊重。例如，学生能够在自主思考的基础上选择问题进行提问，选择自己能够回答的问题、自己感兴趣的问题、自己喜欢的同伴提出的问题进行回答，选择偏爱的学习工具和信

> 学生能自主进行学习决策，这不仅彰显其自主阅读课堂主人的身份，而且有助于他们达成积极的学习成果，获得教师和同伴的尊重。

息呈现方式（如表格或思维导图），选择吸引自己的人物、事件进行讨论和分享，自主选择同伴来帮助自己等。

【课例片段 25】在教高中英语必修三 Unit 2 Reading and Thinking：*Mother of Ten Thousand Babies* 时，教师引导学生梳理林巧稚一生中的艰难抉择后，针对文中引用林巧稚的话、使用的数字进行提问。

T：After we understand Lin Qiaozhi's hard choices during her whole life, let's take a look at the quotes and numbers in this text. Which number or quote impresses you most?

（Students think for one minute and then share their ideas in groups.）

T：I've noticed that you have finished discussing. You can choose one quote or number to share your idea.

S1：I think the quote in the last paragraph impresses me most. "Don't try to rescue me any more. Don't waste the medicine any more." Because we may find she didn't want to waste the medicine to treat herself but she prefers to give the medicine to the people who are in need.

S2：I think the number "50,000" impresses me so much. It's such a huge number that I can't even imagine such a thin woman can achieve it. It shows that she never stops her steps to contribute to the well-being of the women and children in China.

S3：I think the quote in Paragraph 5 is the most impressive. "As doctors, we should be responsible for the patients and treat them as our sisters." She is such a responsible doctor that she refused to take the important political position any more and returned to be a doctor and researcher.

在本案例中，因文中有多处数字和引言可供选择，所以学生既可以选择令自己印象深刻的数字，也可以选择引用林巧稚的话。这样一来，学生的个体差异，包括不同的价值理解、兴趣爱好和已有认知等，得到了充分的尊重；同时，学生的不同观点共同构成对文本的立体理解，使学生主动与其他同学建立情感连接，还能增强团队归属感。

（3）个体关注

在自主阅读过程中，教师对学生的个体关注指的是教师在观察个体学生的阅读行为和情感态度基础上，询问困难，协助制定个性化目标，提供针对性的指导和鼓励。教师的个体关注能给予学生较大的尊重感和归属感，增大学生对阅读过程的认知投入，使其更有效地学习语言并形成阅读策略。

> 教师在观察个体学生的阅读行为和情感态度基础上，询问困难，协助制定个性化目标，提供针对性的指导和鼓励。

【课例片段 26】在教高中英语必修三 Unit 2 Reading and Thinking：*Mother of Ten Thousand Babies* 时，教师引导学生梳理林巧稚一生中的艰难抉择。因为这个阅读任务要求学生站在全文的立场，理解林巧稚从小的教育选择、长大后的婚姻和职业选择、战争中保全自己还是服务他人的选择等，要求学生充分调动全局思维。教师关注到一位叫 Jenny 的学生眉头紧锁，于是询问其是否遇到理解困难。学生提出无法理解文本中的句子 "In 1941, Dr Lin became the first Chinese woman ever to be appointed director of the OB-GYN department of the PUMC Hospital, but just a few months later, the department was closed because of the war." 教师向 Jenny 耐心地解释生词 appoint 的英文释义 "choose sb for a job or position of responsibility" 和 OB-GYN 意为"妇产科"。后来，该学生在课堂生成环节

中表现非常积极主动。不论是文本阅读理解中"Which number or quote impresses you most?"的问题,或是最后应用实践活动中"What is the relationship between choices, difficulties, principles and achievements?"的思考题,她都能主动举手,踊跃回答。

图 3.11　教师对学生的个体关注直接促进其主动参与课堂活动

由此可见,教师给予学生的个体关注让学生感受到自己的困难被看见,自己的需求被感知,并且教师竭尽全力帮助其解决问题,学生的安全感、尊重感和自我价值感油然而生。同时,在教师的帮助下,学生解决了内容、语言和思维方面的理解问题,自然更有自信举手发言,表达自己的观点。

3. 多维互动

从广义上说,"课堂互动"指为了实现

多维互动是提高互动频率和提升互动质量的有效途径。

教育教学目标,调动参与课堂教学过程的各个主要要素,形成彼此间良性的交互作用(钟启泉,2010:74)。而在具体的阅读课堂教学中,课堂互动可以指具有不同学习需求、能力水平和个性特点的学生与充当指导者和支持者的教师之间的互动,也可以指学生与学生之间的互动,还可以指学生与文本之间的互动。语言学习过程中,各个主体在互动中进行意义协商,在意义协商过程中实现意义建构。在互动协商的过程中,"目标语凸显得到增强,学习者的注意力相应提高,语言习得的水平自然也得到了提高"(赵飞,邹为诚,2009:85)。多维互动是提高互动频率和提升互动质量的有效途径。而师生共建、同伴分享和小组合作是常见的三种课堂互动形式。

（1）师生共建

师生共建是指在阅读课堂中教师和学生为完成特定的阅读活动而相互交流、分享资源,共同解决问题的过程,是较为常见的课堂互动形式。师生共建往往以学生对文本内容或语言形式等疑问为出发点,与教师互动中明确问题、分析问题和解决问题,利用教师提供的学习资源和指导的学习策略,共同完成意义建构、语言习得、思维进阶和策略提升。

> 师生共建是指在阅读课堂中教师和学生为完成特定的阅读活动而相互交流、分享资源,共同解决问题的过程。

【课例片段 27】高中英语选择性必修三 Unit 2 Reading and Thinking: *Habits for a Healthy Lifestyle*,在发现学生概括文本第二段的段落大意存在困难时,教师引导学生关注语篇提供的 Reading Strategy—Find the main idea of a paragraph: "The main idea is sometimes stated in either the opening or closing sentence. If not, look for another 'standout' sentence, or summarize the paragraph in your mind by asking yourself, 'What is it mainly about?'", 并对该技巧进行了两个层次的处理。第一层是让学生根据语句中的"if not"和"or"这两个 markers 将这块内容分为具体的三种方法（策略）；第二层处理是针对"standout sentences"和"summarize the paragraph in your mind"两个方法进行相关补充，以帮助学生理解，并将以上的阅读策略图示化，一目了然。图示如下：

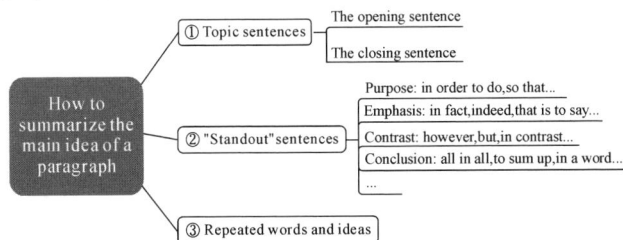

图 3.12　师生共建形成概括段落大意的策略集合

　　教师引导学生逐一尝试图示中的三种策略，学生发现该段落用前两种策略"topic sentences"和"standout sentences"都无法解决，最终通过第三种策略"repeated words and ideas"来定位"choices""repeat""hard""change"这些频繁出现的关键词，并最终总结出该段段落大意：Habits are our choices that are repeated and hard to change.

　　第二段文本如下：To change bad habits is never easy, even with many attempts. There is a famous saying based on the philosophy of Aristotle: "We are what we repeatedly do." In many ways, our lifestyle is the sum of choices we have made. We make a choice to do something, and then we repeat it over and over again. Soon that choice becomes automatic and forms a habit that is much harder to change. The good news is that we can change, if we understand how habits work.

由此可见，学生在教师的引导下，与教师共同完成阅读活动，并在困难时刻得到教师的指导，明确、分析和解决了问题，建立了与教师的情感联结，提升了自我效能感，满足了其归属需求和价值需求。

（2）同伴分享

由于同伴与自己的年龄层次、认知水平、语言素养和

> 在阅读课堂中，教师可引导学生分享学习生活经历、对认知冲突的理解、个性化的思维成果及个人观点和看法等。

知识视野相近，学生往往对同伴的分享更为关注，也更有兴趣。在阅读课堂中，教师可以引导学生在不同类型活动中分享，如在激活与关联活动中分享已有学习生活的知识和经历；在提问与释疑活动中分享对认知冲突的理解、不同的阅读期待和个人体验；在整合与建构活动中分享在可视化工具的帮助下梳理出的个性化思维成果；在运用与表达活动中分享个人观点和看法。

【课例片段 28】在教高中英语必修二 Unit 1 Reading and Thinking：*From Problems to Solutions* 时，教师引导学生对文本最后一段进行自主提问，在此提问与释疑活动中，学生 2 提出何为"UNESCO"的疑问，学生 5 选择该问题进行回答，学生 2 礼貌答谢。

T：Raise as many questions as you can.

S1：What is the spirit of Aswan Dam project?

S2：What's the UNESCO?

……

T：Each group. Choose one question and answer.

S5：Question 2 is so easy. You can turn to Page 91 and read Note 5 in Unit 1. It refers to the United Nations Educational，Scientific and Cultural Organization.

S2：Thank you so much.

在同一阅读课文的另一个课例中，教师引导学生探究阿斯旺工程成功的原因，在此整合和建构活动中，某学生针对生词"global"主动提出疑问，得到同伴积极主动的回应，使得活动得以成功推进。

T：Why was it a success?

S1：Not only had the countries found a path to the future that did not run over the relics of the past，but they had also learnt that it was possible for countries to work together to build a better tomorrow.

T：I really love your passionate way.

S1：What does "global" mean?

S2：The whole world.

S1：(Nodding his head)

由以上案例可见，同伴分享能同时满足人类四种需求：安全需求、尊重需求、归属需求和价值需求。与师生共建相比，同伴分享时，学生一般处于更放松的安全感中，易于获得来自同伴的尊重感受，提升自信心，增强归属感，展示个人价值并主动融入团队。

(3)小组合作

与个体学习相比，合作学习是指学生在小组或团队中为了完成共同的目标与任务，有明确责任分工的互助性学习(文涛，2002：53)。在独自完成复杂的阅读和产出任务时，学生易产生孤独无助和焦虑情绪，致使其主动参

与活动的积极性降低。所以，以小组合作的方式来完成阅读任务，尤其是在整合与建构、运用与表达等活动难度

> 小组各成员调动自身图式，处理获得的信息，共同建构新的知识结构，协作提出解决问题的方案，全面体验学习的愉悦。

较大的环节中，能使各成员调动自身图式，处理获得的信息，共同建构新的知识结构，协作提出解决问题的方案，全面体验学习的愉悦。

【课例片段 29】教学高中英语必修二 Unit 1 Reading and Thinking：*From Problems to Solutions* 时，教师引导学生应用问题解决三个步骤 Preparation、Implementation 和 Evaluation，来解决上课伊始呈现的长城遭到破坏的问题。

T：Now, it's your turn to apply what we've learnt in this lesson to practice. Please work out a project to solve the problem we brought at the very beginning of the class, that is, the destruction of the Great Wall. You are supposed to follow the three steps which are preparation, implementation and evaluation of the results. You may first think for yourself, and then discuss in pairs with your partner and then share your ideas in a group of four.

(Students follow the teacher's advice and have heated discussions.)

S：(As a representative) We think first we should make some preparations, such as asking the experts to investigate the causes of the problems. Then as for the implementation step, the government should make a policy to call on people to protect the Great Wall and stop the illegal behavior. In the end, we should evaluate the situation of the Great Wall later to ensure the problem has been solved.

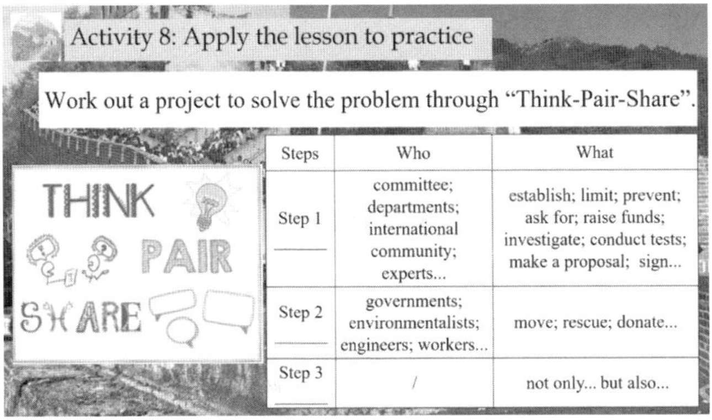

图 3.13　小组合作完成应用实践活动项目:解决长城遭破坏问题

　　因为观点得到了组内成员的补充、支持和认可,个体学生进行表达时具有充分的安全感,而且在小组互动中贡献观点时,个体学生的价值需求和尊重需求能够同时得到满足。课题组也对合作学习的方式进行了问卷调查,调查结果显示:小组合作形式能较好地调动学生主动参与活动的积极性,而且大部分学生对此抱有赞同的态度,因为合作中他们不仅可以纠正自己的语言错误,完善自己的观点,拓宽视野、提升思维,而且能提升与人沟通的能力,与小组成员共同进步。

4. 有效评价

　　课标建议注重评价主体的多元化、评价形式的多样化、评价内容的全面性和评价目标的多维化(教育部,2020:81)。教学评价即"依照教学目标对教学活动(主要是学生的学习活动)及其结果进行价值判断,它包括有效地进行教学指导的一连串反馈活动"(余文森,2014:卷首语）。而有效的评价既能使学生调整学习策略，体验成功，又能让教师获得有益反馈，调整教学行为，提高教育教学水平。我们认为生成留痕的评价方式、个性化的评价内容和学生作为评价主体能产生显著的促学和促教作用。

> 有效的评价既能使学生调整学习策略，体验成功，又能让教师获得有益反馈，调整教学行为，提高教育教学水平。

（1）生成留痕

生成留痕指教师或同伴将学生的生成内容进行记录，并向全体学生公开展示。这样的评价方式能让学生感受到被尊重、被认可，提高参与活动的主动性和积极性。教师可采用多样的留痕方式，如黑板板书、电子白板板书、学习任务单投屏等。

> 教师可采用多样的留痕方式，如黑板板书、电子白板板书、学习任务单投屏等。

【课例片段 30】在教高中英语必修三 Unit 5 Reading and Thinking：*The Million Pound Bank Note* 时，教师引导学生思考"假设自己是富人兄弟 Roderick 或 Oliver，会问 Henry 什么问题"。学生与同桌讨论后，回答问题。教师在黑板上记录每位发言学生所提问题。看到同伴的问题得到教师的重视和认可后，更多学生踊跃举手，要求发表观点。

T：If you were Roderick or Oliver，what questions would you ask Henry to see if he was the right person for the bet?

S1：Are you poor?

S2：What's your difficult experience?

S3：Do you have a job?

S4：What will you do if you have the money?

S5：What's your personality?

S6：Do you want to become a rich man?

S7：What's your situation?

S8：Do you have any dreams/plans?

S9：Could you live in London for a month?

S10：Where are you from and do you have any background?

S11：Do you need any help?

……

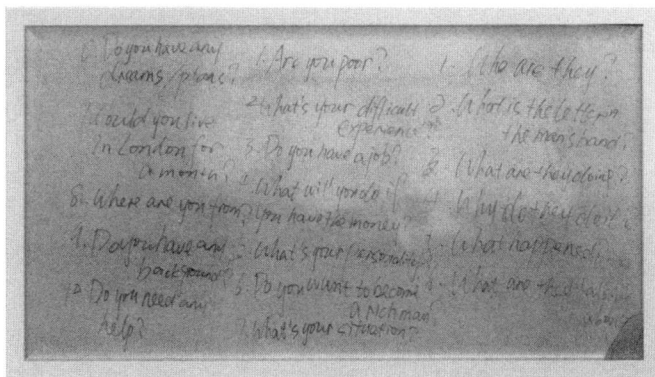

图 3.14　教师对学生提出的问题进行板书留痕
以促进其主动参与活动

教师以多种方式将学生的生成进行留痕,不仅满足了学生的尊重需求,让其感受到自己的思维成果得到了教师和同伴的重视和认可,而且满足了其归属需求。因为留痕的主体是教师,是阅读课堂的权威,教师的接纳、支持和赞扬增强了学生主动参与课堂活动的外在动力。

（2）个性化评价

课标中课程修订工作原则之一是要关注学生个性化、多样化的学习和发展需求，促进人才培养模式的转变，着力发展学生的核心素养（教育部，2020：2）。学生个性化的发展需求是时代要求，而个性化的评价则能促进个性化的发展。阅读课堂中的个性化评价依据包括两方面，一是学生的性格特点、语言水平和心理素养，二是学生的个体学习表现。

> 阅读课堂中的个性化评价依据包括两方面，一是学生的性格特点、语言水平和心理素养，二是学生的个体学习表现。

教师在阅读课堂上提供个性化评价，能让学生感受到老师的重视，从而提高学生对自我价值的认同度。教师依据不同学生在同一阅读任务中的表现做出个性化评价，促使学生增强自信，解决自身个性化问题，提升核心素养。

【课例片段 31】在教高中英语必修二 Unit 1 Reading and Thinking：*From Problems to Solutions* 时，教师引导学生针对标题和两幅配图进行自主提问，学生提问后教师进行个性化的评价。

T：But now I'm going to give you two more pictures. Have a look at those pictures. Look, there are three faces, right? So actually those three faces were cut down from the statues here in front of this temple. Now, according to the title and the pictures below, what would possibly be talked about in the passage?

S1：It's about how to protect Egyptian statues.

T：OK, it's about how to protect Egyptian

states.（板书留痕）Good，thank you very much. Anyone else?

S2：I think it also talks about why we should use this different method to protect the statue by cutting it off.

T：Yes. So you mean why they chose this method? Yes. Okay. Yes. Good. How to? And why did they choose this way? Good，thank you.（板书留痕）

S3：Maybe，who protect these statues?

T：Thank you，Angela. This is a very good question. Who protect them，the statues?（板书）Yes，you can try. Don't worry，say anything that you want.

S4：From the picture，I can see some heads of the statues. So，I am wondering，where will these statues be moved to?

T：Yes，those two pictures and they seem to be cut off. Where would those statues be moved to? Good question. So I think this one belongs to how to protect it or why did they choose this way，right? Yes. Thank you. I like this one as well.（教师面带微笑，略带沉醉于学生答案中的表情）

面对不同学生，教师逐个进行个性化评价，有表示肯定的"Thank you very much. Good，thank you."，也有直呼其名，表示亲切的"Thank you，Angela. This is a very good question."，还有针对不敢起身回答的同学进行鼓励评价"Yes，you can try. Don't worry，say anything you want."。教师的表情肯定和语言认可，周围同伴的赞许目光，激发了学生强烈的成就感、价值感，满足了他们的尊重需求、归属需求和价值需求。

（3）生生互评

作为评价过程的主要参与者，学生应在教师的指导下，发现和分析学习中的具体问题，并学习使用适当的评价方法和可行的评价工具，积极参与评价。学生通过相互评价不断反思，取长补短，总结经验，调控学习（教育部，2020：83）。同伴是学生生活学习中的共同伙伴，既是朋友关系，又是竞争对手关系，来自同伴的评价往往是青春期高中学生特别重视和持续关注的。而且，同伴评价的内容并不具备教师评价的权威性和终结性，存在协商和质疑的空间。因此，生生互评对促进学生主动参与活动及加强课堂主体的角色认知发挥着重要的作用。

> 生生互评对促进学生主动参与活动及加强课堂主体的角色认知发挥着重要的作用。

【课例片段 32】在教高中英语必修二 Unit 1 Reading and Thinking：*From Problems to Solutions* 时，教师组织问题情境解决活动，一名学生提出解决温州朔门古港遗址的 proposal，教师引导其他学生对此发表评论，开启了多重生生互动，激发了更多学生的表达欲。

T：Come to the platform and share your proposal with us.

S1：In my proposal, the Wenzhou government, the committee and Wenzhou No. 2 Middle School need to get involved in. First, we need to move the school to another place, because the school is near the Shuomen Port. And many students need to go to school on Wangjiang Road, so it really causes traffic jams. After moving the school, we can build a museum on the old school. At the same time, we can make some videos and raise funds to help with the progress. Then we can move the relics to the museum. At last we can build the tunnel under the Wangjiang Road.

T：Any other comments on the proposal? What do you think of the proposal? Is it a good one?

S2：I think it's very good.

T：Why?

S2：Because they find the cause of the traffic jam and really solve the problem in the end. They find the balance between progress and protection.（其他学生认真听这位女生的评价）

教师在阅读课堂活动中使用生生互评形式，既能让学生在评价同伴时感受到自己是课堂主人，又能让学生看到同伴对自己的学习行为和结果的评价，了解自己的学习问题和优势，充分满足其尊重需求、归属需求和价值需求。

三、促进学生主动参与课堂的需求层次的达成

在英语阅读课堂中，学生要从被动接受转变为主动学习，触发器主要是阅读活动的设计和活动实施的过程。我们提出的促进学生主动参与活动的路径模型能够从教学活动的设计和实施两个层面满足学生的安全需求、尊重需求、归属需求和价值需求，激发学生主动参与课堂的积极性。

（一）安全需求

在面对全新的、不熟悉的、陌生的、难以管理或控制的刺激下，普通孩子往往会感到危险或害怕的反应（Maslow，1943：376）。而在稳定的学校课堂环境中，由

> 让学生产生主动学习的意识和行为，激发学生表达的欲望，获得心理安全尤为重要。

于没有恐惧和威胁存在，学生的人身安全需求得到满足，这是阅读活动得以顺利开展的基础。但要让学生产生主动学习的意识和行为，激发学生表达的欲望，获得心理安全尤为重要。

学生阅读文本之前，先围绕自己的已有知识、学习兴趣和实际生活来激活和关联即将阅读的文本话题相关的背景，降低认知负荷，激发阅读兴趣，增强在课堂中的安全感，促进积极的活动体验。自主提问与自主释疑提升了学生参与活动的自主性，能够减少焦虑感，增强其对课堂的归属感。整合与建构过程中，教师提供的引导性问题、可视化工具、示范性引领能够基于学情调整活动难度，给予学生支持，帮助他们更主动地参与课堂。运用与表达环节中，教师提供的表达支架能有效帮助学生运用所学，减少表达障碍，让学生产生安全感，从而提升学生在课堂中的主动参与度。

在活动实施过程中，学生拥有充足的阅读时间、思考时间和教师的候答时间，能让不同层次的学生免于紧张焦虑情绪，带着宽松愉悦的心情开启阅读旅程，同时在自我酝酿和同伴讨论等活动后进行表达，对表达的内容和话语更有信心。教师带着协商的语气，与学生协商学习的节奏和方式，且在不同环节提供机会选择提出的问题、回答的问题、感兴趣的话题、合作的同伴、偏爱的学习方式和工具等，甚至一对一地进行个体关注，都能给予学生充分的安全感，消除学生答不上或答不好问题的担忧。

（二）尊重需求

尊重需求分为自身对内的自尊心和外在需要得到他人的尊重两种需求。我们的阅读课堂主要满足第二种尊重需求。教师在课堂中给予学生足够的自主空间，让学生基于自身实际个性化地关联文本，并让学生自主提问、自主释疑，主导课堂的发展走向，让学生感受到充分的尊重和信任。当学生在理解文本内容或语言形式产生疑问时，在表达个人观点时遇到障碍时，教师带着协商的语气，与学生积极互动，分析问题，解决问题，是对学生学习的尊重和支持。在学生提问与释疑、整合与建构、运用与表达过程中，教师采用多种评价方式，如生成留痕、个性化评价等，给予积极反馈和赞扬，是对学生个体的情感尊重。引导学生进行同伴分享、小组合作和生生互评则是积极调动学生之间开展互相学习、交流和评价活动，这是学生群体的相互尊重。

> 教师采用多种评价方式，如生成留痕、个性化评价等，给予积极反馈和赞扬，是对学生个体的情感尊重。

（三）归属需求

如果相互尊重是群体成员间互相认可对方的长处，那么归属需求则是指群体成员对群体的共同认可和个体接纳。在阅读课堂中，学生通过自主提问，共同形成文本的问题链，再通过自主阅读来共同释疑，依托教师提供的引导性问题、可视化工具和示范性引领，师生、

> 培养学生的团队自豪感和归属感，使其渴望建立情感联结，获得关注和认可，从而提升主动学习的外在动力。

生生共同建构文本的结构化知识，并在多维互动基础上，教师营造安全宽松、接纳支持、鼓励赞赏、互爱互助的学习团队，培养学生的团队自豪感和归属感，使其渴望建立情感联结，获得关注和认可，从而提升主动学习的外在动力。

（四）价值需求

价值需求不同于尊重需求，不仅仅停留在被尊重的层面，更是对自我价值的不断追求和确认。学生在阅读活动过程中，通过激活自身已有图式，关联自身学习兴趣和生活经验，对文本进行自主提问和释疑，依托不同载体进行信息整合和意义建构，最后在问题情境中借助表达支架和生本联结，对课堂所学进行运用和表达。在这个过程中，学生从教师层面获得充分时间、个体关注、积极回应等，促使其与文本互动、与学习工具互动、与教师和同伴互动、与问题情境互动、与自我互动。这是学生主动阅读和表达的过程，也是追求自我价值的过程。学生自我价值需求的实现推动其不断学习、不断探索，并在不同的回应中不断确认，这个动态过程促使其价值需求获得满足，实现良性循环。

> 实现自我价值的需求推动学生不断学习和探索，在回应中不断得到确认，实现良性循环。

第四章

促进学生主动参与活动的
行动改进

本章以高中英语必修三 Unit 5 The Value of Money 中 Reading and Thinking 板块的 *The Million Pound Bank Note* 为例,基于"主动学习"这一理念,聚焦阅读教学中如何促进学生主动参与活动这一问题,通过"实践—反思—调整—再实践—完善—总结"的过程,剖析活动设计和实施过程中不利于学生主动参与的因素,探讨促进学生主动参与活动的方法与路径,为提高学生主动学习能力提供借鉴与启示。

一、课例背景

The Million Pound Bank Note 讲述的故事是:两个富豪兄弟就"一个人是否可以凭借一张需在一个月后归还的百万英镑纸币在伦敦生活一个月"进行打赌,他们通过一系列的询问,确认陌生人 Henry 是实施打赌的合适人选,并且 Henry 也接受了赌约。文本体裁属于戏剧剧

本。该场次中的旁白交代了故事的背景和起因，对话则按照"富豪兄弟的问题—Henry 的回答—富豪兄弟对 Henry 回答的反应—Henry 对富豪兄弟的反应"这一逻辑展开。台词和舞台说明在凸显人物个性上功能突出。文本传递着金钱对富人和穷人的不同意义。两次教学实践均为 80 分钟的"长课"。

二、初次实践

(一)教学目标设定

1. Students will activate their prior knowledge by linking images of performing a play in school life to the one from *The Million Pound Bank Note*；

2. Students will learn Henry's living situation and the elements in a play script and their functions through two rounds of self questioning and reading；

3. Students will infer the characters' personalities by analyzing the implied meanings in the dramatic language and summarize the reasons for Henry being the appropriate candidate for the bet through guiding questions；

4. Students will analyze Henry's feelings，predict his future life and discuss the theme conveyed behind the bet through group cooperation.

(二)教学活动呈现

Activity 1：Activating and Associating

This activity is designed for Aim 1.

The teacher introduces herself briefly and presents some pictures of her students acting out a play called *Macbeth* in the Foreign Language Week.

Q: Can you guess what they are doing?

The students are captivated by the pictures and give their answers like "They are acting." or "They are playing a drama.". The teacher approves of the students' answers and leads in the picture from the play *The Million Pound Bank Note*.

图 4.1　学生剧照

【说明】学生剧照关联了学生实际生活,吸引了学生的兴趣,增强了学生主动参与的愿望,而问题的开放性能够鼓励学生积极参与,从而满足他们的安全需求。同时,学生剧照也关联了阅读文本形式,自然过渡至《百万英镑》剧照。

Activity 2：1st-round Self Questioning and Reading
This activity is designed for Aim 2.
Step 1：Self Questioning

The teacher activates the students to raise questions based on the picture of the three characters on page 54 of the textbook and writes down all of the students' questions on the blackboard.

Q：What do you want to know about the play?

The teacher gives an example，（1）"Who are they?"，and the students provide several questions like：

（2）Where are they?

（3）What are they doing?

（4）What is the man holding?

【说明】基于文本图片的自主提问关联了学生的阅读期待，后续的阅读不再是学生被动接受教师对文本的理解的过程，而是其自身与文本、与师生、与自我等多维互动中解决问题的过程。在自主提问初始阶段，教师可为学生提供示范性引领，使学生产生并维持参与活动的信心，从而提高主动参与活动的可能性。

> 在自主提问初始阶段，教师可为学生提供示范性引领，使学生产生并维持参与活动的信心，从而提高主动参与活动的可能性。

Step 2：Associating the Value of the Bank Note

The teacher presents the title "THE MILLION POUND BANK NOTE" and the picture of the bank note，asking the students if they know the value of a million pound bank note at that time.

Q1：What can we buy with One Million RMB nowadays?

One million RMB $\approx$ <u>150</u> Smartphone 14$\approx$ <u>3</u> BMW 3 Series $\approx$ <u>40－50</u> m² flat

Q2：**What could people buy with One Million Pound in the Victorian era?**

1 bike≈ 5 pounds

1 student's yearly tuition in college ≈ <u>100</u> pounds

A man with a wife lives a rich life in a year ≈ <u>300</u> pounds

The teacher and the students agree that the bank note meant a large sum of money at that time.

【说明】教师通过 Q1、Q2 两个问题，引导学生将百万英镑和实物关联起来，旨在激活学生关于实际生活的已知图式，以此体会赌约涉及金额之大以及慎重选择人选的必要性。但在课堂实践中，学生对百万英镑对应多少实物价值知之甚少，回答不畅。

Step 3：**Analyzing the Structure**

Q：What are the language features of a play script？

The teacher circles one feature each time and asks the students to name it. The students use their own words to name each part, such as "dialogue" for "lines of dialogue", "actions and emotions" for "stage directions", "names" for "characters", which is not the same as what is designed by the teacher on the PowerPoint.

【说明】剧本对学生来说属于新型文本结构，与已学的其他文本结构差异明显，理应引起学生的关注。教师通过提问，使学生关注到剧本中的 title、lines of dialogue、characters、stage directions 和 narration 等要素。其中，戏剧中的 narration 具备交代故事背景之功能，而学生基于图片提出的三个问题也指向故事的背景信息。因此，学生基于首轮自主提问的阅读方向逐渐

图 4.2　文章结构分析（初始版）

清晰。

Step 4：Reading and Checking

The teacher asks the students to read the narration part to see if they can find the answers to the questions they raised.

Q：Can you find the answers to the questions you raised？

The students think the men are Roderick，Oliver and Henry（1）．They are probably in a house（2）．Roderick and Oliver want to make a bet on whether a man could live a month in London with a million pound bank note（3）．Probably the man is holding the bank note（4）．

【说明】本环节为第一轮自主提问和自主释疑。学生根据教师示范，基于阅读期待自主提问，教师毫无保留地记录学生生成，给予学生"充分支持"，使其"获得足够的安全感和学习自信，强烈的学习动机应运而生"（马瑾辰，2022：13）。在自主提问后，学生没有直接进入自主释疑,而是因文本结构的特殊性,先分析了语篇结构,再因文本标题对内容理解的重要性,用实物关联了百万英镑的价值,最后再进入自主释疑环节。

Activity 3:1st-round Integrating and Constructing

This activity is designed for Aim 2.

Step 1:Summarizing the Setting

Q:Could you make a summary of the setting?

The students summarize it as this: Two rich brothers, Roderick and Oliver, made a bet on whether a man could live a month in London with a million-pound bank note. And Henry was the one they would like to choose to carry out the bet.

Step 2:Analyzing the Function of the Narration

Q:What's the function of the narration part?

The students conclude that the narration tells us the background of the story.

【说明】本环节学生通过回答教师的提问,以口头小结的方式,理清故事背景,并提炼戏剧中 narration 要素所交代故事背景的功能,完善有关戏剧阅读的知识体系。

Activity 4:2nd-round Self Questioning and Reading

This activity is designed for Aim 2.

Step 1:Self Questioning

The teacher asks the students to have a short discussion with group members about what the brothers want to know about Henry and writes down all of the students' questions on the blackboard.

Q:What might Roderick and Oliver want to know about Henry?

The students provide several questions like:

（1）Who is Henry?

（2）Where is he from?

（3）How poor is he?

（4）Why is he so poor?

（5）Will he accept the bet?

（6）Will he take the money?

Step 2：Reading and Checking

Q1：Can you find the answers to your questions?

When students finish reading，the teacher asks students to share their answers. While the students are sharing，the teacher underlines students' answers in the text shown on the PowerPoint. The students find out that Henry is an American（1,2）. He doesn't have any money（3）. He landed in Britain by accident（4）. He will accept the bet（5）and take the money（6）.

Q2：What other information have you got about Henry?

The students find out that Henry didn't have any job or plans，he used to be a clerk in a mining company in America and he didn't get any help from the American consulate.

【说明】本环节为第二轮自主提问和自主释疑。学生通过自主阅读、自主释疑，了解了 Henry 的部分情况。教师引导学生在自主释疑的基础上，梳理 Henry 的生存情况并关注 Henry 的其他细节信息。学生在阅读深度和广度上均得到一定的拓展，为深入参与课堂活动奠定了基础。

Activity 5：2nd-round Integrating and Constructing

This activity is designed for Aim 3.

Step 1：Summarizing Henry's Situation

The teacher and the students together make a summary about Henry's situation as "friendless, jobless, aimless, penniless and helpless".

Step 2：Analyzing Henry's Personality

Q：Besides Henry's living situation, what else might make him a perfect choice for the bet?

After discussion, the students infer Henry's personality based on details. Henry is independent, frank, hardworking, honest, self-respecting and trustworthy. Henry's living situation and his personality both make him a perfect choice for the bet.

Step 3：Analyzing the Function of the Lines of Dialogue

Q：What is the function of the lines of dialogue?

With the help of the teacher, the students find out the lines of dialogue unfold the story and shape the characters by showing their personalities.

【说明】通过引导性问题，学生分析 Henry 成为赌约人选的两个重要原因：生存情况和人物个性。师生共同调研 Henry 的生存状况，并从中归纳出一系列同后缀的形容词。学生在整合上一环节的信息时，也分析了戏剧中的台词在推进剧情、塑造人物个性方面的功能，进一步完善有关戏剧阅读的知识体系。

Step 4：Analyzing the Brothers' Personalities

Q1：Do the questions raised by the brothers sound polite?

The students think that the questions are rude.

Q2：Is there any other evidence to show their

rudeness?

The students find out sentences like "It's an advantage." "What luck! Brother, what luck!" and also the stage directions "happily" "smile at each other".

Q3：What kind of people are the two brothers?

The students think the brothers are bored, selfish and rude.

【说明】通过 Q1、Q2、Q3 三个问题，学生聚焦富豪兄弟的台词，基于此分析人物性格，运用上一环节中台词展现人物性格之技巧，以用促学，增强学习满意感，同时在阅读过程中关注戏剧舞台说明的功能，丰富戏剧阅读方法。

本环节中，学生通过教师的引导性问题深入理解内容，分析富豪兄弟和 Henry 的性格差异，归纳戏剧阅读的方法，发展高阶思维。回答问题也是运用新知（如台词展现人物性格之技巧）的过程，学用关联，学生的学习价值需求得到满足，从而更加积极地参与课堂活动，主动学习。

> 学用关联，学生的学习价值需求得到满足，从而更加积极地参与课堂活动，主动学习。

Activity 6：Applying and Expressing

This activity is designed for Aim 4.

Q1：How does Henry feel during the conversation?

The students think Henry feels surprised, embarrassed, puzzled, angry and upset during the conversation based on the details from the text and then the teacher shares an excerpt from the original novel with the students.

How does Henry feel about the bet?

I was puzzled, and wanted to discuss the matter a little further, but they didn't; so I took my leave, feeling hurt to be made the subject of what was apparently some kind of a practical joke, and yet had to put up with it, not being in circumstances to reject the requirements from the rich and strong.

— *Million Pound Bank Note*

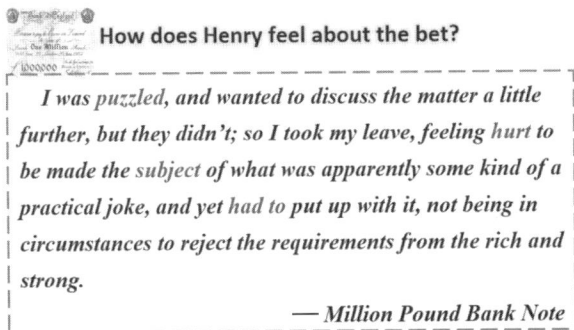

图 4.3　原著中有关 Henry 感受的片段摘录

Q2：What do you think of the bet?

Q3：What might happen in the following act?

【说明】教师通过 Q1 引导学生分析 Henry 的情绪变化，促使其深入思考文本的主题意义（如 Q2），同时基于已读，预测人物命运（如 Q3），增强进一步阅读后续文本的动机。但在实践教学中，由于前后环节的时间分配欠妥，课堂中无法完成对 Q2、Q3 两个问题的讨论。

本环节中，教师通过引导性问题，从学生的个人观点入手，促使学生建立生本联结，探讨文本主题意义。对主题意义的探究应该是学生学习语言的最重要内容，直接影响学生语篇理解的程度、思维发展的水平和语言学习的成效（教育部，2020：14）。语篇的主题意义并没有固定或唯一的答案，我们既可以从语篇本身出发，分析在特定的时代背景下该语篇传达的内容和价值观，也可以基于自身经历或文化背景分析该语篇对于读者的现实意义（程晓堂，周宇轩，2023：4）。学生对"bet"的探讨既分析了当时的金钱观，也促使其关联文本与自身，对金钱在生活中的功能有一定的思考，实现意义增值。

三、课例反思

本着"从实践中来,到实践中去"的原则,课题组围绕授课内容,通过教学设计、实践、反思、再实践等过程,结合课题前期的研究成果与认知,初步尝试并修正完善了第一次的教学实践。课后,课题组认为,此次教学实践是一次大胆的"摸着石头过河"的尝试。在这个过程中我们发现,促进学生主动参与高中英语阅读课堂活动的路径仍有许多值得推敲、商榷的地方。就本课而言,有以下几点值得反思:

(一)活动参与的广泛性

课堂实践过程中,课题组老师发现,学生在回答百万英镑对应多少实物价值时,因缺少背景知识,参与热情不高,回答不畅;在分析戏剧剧本特点时,因缺少专业术语知识,被教师强行"牵着走";在回答富豪兄弟想知道Henry的哪些情况时,因缺少角色代入感,产出不够丰富。究其原因,教师在设计活动时没有很好地关联学生的理解逻辑,问题预设痕迹明显,缺乏对学生生成的尊重。可见,教师应激发并维持学生主动参与的积极性才能保证活动参与的广泛性。教师在设计活动时既要激活并关联学生对文本主题的已知图式,又要遵循学生认知规律,提升问题的可答度,促进学生参与课堂活动。同时,增加问题的开放性,给学生更多的选择机会,适时考虑个人体验,促使学生更加主动地选择能够或愿

> 活动设计既要激活并关联学生对文本主题的已知图式,又要遵循学生认知规律,提升问题的可答度。

意回答的问题,提升参与的满足感和广泛性。值得注意的是,整个阅读过程中教师需要留给学生充分的

增加问题开放性,适时考虑个人体验,促使学生更加主动地选择能够或愿意回答的问题,提升参与的满足感和广泛性。

阅读、思考和候答时间,满足其安全需求,也需要个性化评价学生生成,满足他们的价值需求,促进更多学生主动参与课堂活动。

(二)活动参与的层次性

课堂实践过程中,课题组教师发现,学生在判断兄弟二人的语气、寻找证明其粗鲁的证据以及分析兄弟二人的性格时,产出的答案略感重复。与此类似,学生在分析 Henry 情感变化时,也不断地重提先前已提的细节信息。过程费时,生成较少,活动之间的层次不明显,导致缺少充分的时间分析"bet"的意义、预测 Henry 的未来,也降低了学生在课堂中深度思考的比重。究其原因,教师对文本主线的把握有待提高。教师若能按照文本主线"questions—answers—reactions"推进,调整问题设问角度,删除不服务于主线的提问,便能使课堂活动关联性更强,层次性更清晰,也更有利于学生主动参与。

调整问题设问角度,删除不服务于主线的提问,便能使课堂活动关联性更强,层次性更清晰,也更有利于学生的主动参与。

(三)活动参与的有效性

课堂实践过程中,课题组教师发现,两次自主提问和自主释疑后的整合和建构环节均以口头总结为主,留痕

随意或不明显,学生对于已学内容印象不深,前后逻辑关联能力弱,降低了产出的有效性。因此,教师应根据文本特点,为学生提供适合的可视化工具,例如表格、板书图示等,用以梳理碎片信息,结构化内容要点。同时,作为课堂的后半程,教师也应遵从学用逻辑,为学生创造使用新知解决问题的机会,评价所学,实现其意义增值。

> 教师应根据文本特点,为学生提供适合的可视化工具,用以梳理碎片信息,结构化内容要点。

四、实践改进

(一)教学目标重设

1. Students will activate their prior knowledge by linking images of performing a play in school life to the one from *The Million Pound Bank Note*；

2. Students will learn the process of the brothers deciding on Henry as the candidate for the bet，the elements in a play script and their functions through two rounds of self questioning and reading；

3. Students will infer the characters' personalities by analyzing the implied meanings in the dramatic language and summarize the reasons for Henry being the appropriate candidate for the bet with the help of thinking tools；

4. Students will predict Henry's future life and discuss the information conveyed behind the bet

through group cooperation.

(二)教学活动改进与说明

Activity 1：Activating and Associating

This activity is designed for Aim 1.

The teacher introduces herself briefly and presents some pictures of her students acting out a play called *Macbeth* in the Foreign Language Week.

Q：Can you guess what they are doing?

The students are captivated by the pictures and give their answers like "They are acting." or "They are playing a drama.". Then，the teacher approves of the students' answers and leads in the picture from the play *The Million Pound Bank Note*.

Activity 2：1st-round Self Questioning and Reading

This activity is designed for Aim 2.

Step 1：Self Questioning

The teacher activates the students to raise questions based on the picture of the three characters on page 54 of the textbook and writes down all of the students' questions on the blackboard.

Q：What do you want to know about the play?

The teacher gives an example，（1）"Who are they?"，and the students provide several questions like：

（2）What is the letter in the man's hand?

（3）What are they doing?

（4）Why do they do it?

（5）What happened?

（6）What are they talking about?

Step 2：Analyzing the Structure

The teacher presents the whole text and let some students circle and describe the different features of this text.

【实践改进一】旧知引出新知，主动获取语篇结构

Q：How is this text different from others？

The teacher underlines "Act 2，Scene 1" as an illustrative example，from which readers can know where this scene is in the whole play，and then the students circle different parts one by one and use their own words to name them，such as "dialogue" for "lines of dialogue"，"actions and emotions" for "stage directions"，"names" for "characters". Based on the interaction with the students，the teacher writes answers on the PowerPoint and together they summarize that a play script consists of title，act/scene，narration，characters，stage directions and lines of dialogue.

【改进说明一】学生基于阅读期待自主提问后，教师展示文本全文，更符合真实的阅读过程，也更能凸显文本结构的特点。教师引导学生观察本语篇与其他语篇的不同之处，关联已知，因为"如果新知识与学生熟悉的内容相关，那么学生的学习过程就变得容易"（利特尔，2010：15）。教师充分考虑到学生的"认知习惯和规律"时，课堂就"不生硬"，知识传递也显得"浑然天成"（陈永芳等，2013：19）。剧本结构、要素及功能的学习也应该是基于已知来获取新知，而不是基于教师预设进行术语配对。这一过程中，学生使用自己的语言（已知）表述文本结构特点（新知），并且可以选择自己想要描述的结构特点（选

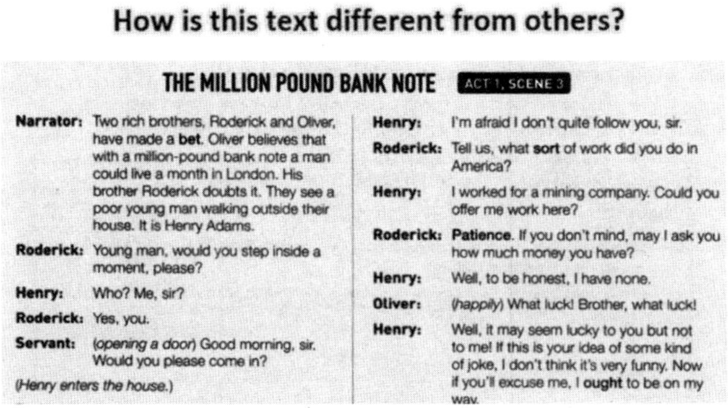

How is this text different from others?

THE MILLION POUND BANK NOTE `ACT 1, SCENE 3`

Narrator: Two rich brothers, Roderick and Oliver, have made a **bet**. Oliver believes that with a million-pound bank note a man could live a month in London. His brother Roderick doubts it. They see a poor young man walking outside their house. It is Henry Adams.

Roderick: Young man, would you step inside a moment, please?

Henry: Who? Me, sir?

Roderick: Yes, you.

Servant: (opening a door) Good morning, sir. Would you please come in?

(Henry enters the house.)

Henry: I'm afraid I don't quite follow you, sir.

Roderick: Tell us, what **sort** of work did you do in America?

Henry: I worked for a mining company. Could you offer me work here?

Roderick: Patience. If you don't mind, may I ask you how much money you have?

Henry: Well, to be honest, I have none.

Oliver: (happily) What luck! Brother, what luck!

Henry: Well, it may seem lucky to you but not to me! If this is your idea of some kind of joke, I don't think it's very funny. Now if you'll excuse me, I **ought** to be on my way.

图 4.4　文章结构分析（改进版）

择权）进行回答。这在很大程度上激发了学生参与的主动性，在此基础上教师基于学生生成补充专业表达的做法也加深了新旧知的联系。

> 学生使用自己的语言回答自己想要回答的问题。这在很大程度上激发了学生参与的主动性，也加深了新旧知的联系。

Step 3：Reading and Checking

The teacher asks the students to read the narration part to see if they can find the answers to the questions they raised.

Q1：Can you find the answers to the questions you raised?

The students think the men are Roderick，Oliver and Henry（1）. The letter in the man's hand is the banknote（2）. And questions like what they are doing （3），why they do it（4），what happened（5）and what they are talking about（6）are all related with the bet.

【实践改进二】借助具象表征，主动关联语篇背景

When the students mention the bank note，the teacher presents it and asks the students to look at it.

图 4.5　百万英镑

Q2：What interests you most？

Some students are attracted by the writing style in the Victorian era while some notice the number of the zeros，from which they infer this is a large sum of money．This time，the teacher adds that one of the requirements for the bet is that one needs to return the bank note in 30 days．

【改进说明二】使用视觉呈现方式（visual representations）能够增强内容的具体性（concreteness），从而引起学生关注（attention），激发动机（Keller，1987：4）。初次实践中，教师尝试让学生通过关联金钱和实物来感知百万英镑的价值，但是由于学生缺少相关知识，效果不佳。在改进版实践中，百万英镑图片的展示关联了学生的学习兴趣，促进学生积极的情感投入。通过观察票面上的数值，学生能够直观感受非文字资源传达的意义，体会兄弟赌约之戏剧性以及选人之慎重性，激发了进

一步探究 Henry 是否为该赌约最佳人选的兴趣。

Activity 3：1st-round Integrating and Constructing

This activity is designed for Aim 2.

Step 1：Summarizing the Setting

Q：Could you make a summary of the setting?

The students summarize it as this：Two rich brothers，Roderick and Oliver，made a bet on whether a man could live a month in London with a million-pound bank note. And Henry was the one they would like to choose to carry out the bet.

Step 2：Analyzing the Function of the Narration

Q：What's the function of the narration part?

The students conclude that the narration tells readers the background of the story.

Activity 4：2nd-round Self Questioning and Reading

This activity is designed for Aim 2.

【实践改进三】基于个人体验自主提问，主动梳理人物信息

The teacher asks the students if they were one of the brothers，what questions they would ask Henry to see if Henry was appropriate for the bet. Students have a short discussion with group members and then share their answers in class. This time the teacher，again，writes down all of the students' questions on the blackboard.

Q：If you were Roderick or Oliver, what questions would you ask Henry to see if he was the right person for the bet?

The students provide several questions like：

（1）Are you poor?

（2）What is your difficult experience?

（3）Do you have a job?

（4）What will you do if you have the money?

（5）What's your personality?

（6）Do you want to become a rich man?

（7）What's your situation?

（8）Do you have any dreams or plans?

（9）Could you live in London for a month?

（10）Where are you from?

（11）Do you have any background?

（12）Do you need any help?

【改进说明三】上述教学过程中，学生基于个人体验，站在富豪兄弟的角度，进行自主提问，并且教师给足了学生思考的时间，尊重学生课堂真实生成，毫无保留地记录预测问题。从学生的产出看，学生参与度高。虽然学生语言水平不一，表达不同，但是意义上有共性，因而师生能够共同归纳出 Henry 信息的几个方面，为后续的信息结构化做好铺垫，促成主线"questions—answers—reactions"中前两个关键词的信息梳理。更重要的是，该活动唤起学生的角色意识，激发了兴趣，学生因此打开思维，乐于表达，主动参与课堂。

Activity 5：2nd-round Integrating and Constructing
This activity is designed for Aim 3.

Step 1：Summarizing Henry's Situation

【实践改进四】依托可视化工具，主动整合语篇信息

The students and the teacher classify those questions into eight aspects，namely Money（Q1，Q7，Q11），Experience（Q2），Job（Q3，Q6），Dream（Q4），

Personality (Q5), Plan (Q8, Q9), Hometown (Q10), Need (Q12) and then write these eight aspects in the left column of Henry's Personal File.

Q: What are the details of these eight aspects?

One student presents Henry's Personal File(档案) like this:

表 4.1　一学生关于 Henry 的个人档案

	Personal File
Money	*none*
Experience	*carried out to sea by a strong wind; spotted by a ship*
Job	*work for a mining company*
Dream	
Personality	*hardworking, honest, patient*
Plan	*can't say have any plans*
Hometown	*San Francisco*
Need	*a job that earns an honest income*

Based on the details, the teacher and the students summarize Henry's living situation as penniless, helpless, jobless, homeless and aimless, and then the teacher asks them to find out more of Henry's personality besides hardworking, honest and patient.

Step 2: Analyzing Henry's Personality

Q: What other kinds of personality does Henry

have?

The students may describe Henry as self-respected, patient and frank based on the details found in the text and then together with the teacher, they complete the mind map of the bet on the blackboard.

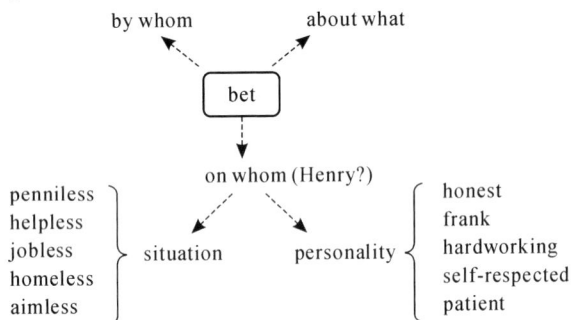

图4.6 "bet"要点图

【改进说明四】在阅读教学中，教师引导学生完成思维导图，将文字信息视觉化和条理化，降低阅读难度（钱剑英等，2015：59）。本环节中，借助思维导图，例如表格、要点图，学生能够整合碎片化信息，清晰地看到文本细节之间的逻辑联结，提高信息梳理和知识建构的能力。

Step 3：Analyzing the Brothers' Personalities

【实践改进五】借助引导性问题，主动深入思考

Q1：Are the brothers satisfied with Henry?

Q2：Can you find some words that have implied meaning?

Q3：What kind of people are the two brothers?

【改进说明五】在本环节中，师生聚焦文本主线"questions—answers—reactions"的最后一个关键词"reactions"开展活动。学生通过 Q1 能够快速定位

"What luck！Brother，what luck！""It's an advantage."
"Please don't go. You mustn't think we don't care
about you.",用以推测兄弟俩的满意态度。学生通过
Q2,运用戏剧台词隐含意义之技巧,关注到"advantage、
luck、care"三个词,并表示赌约有利于兄弟俩,找到
Henry 是兄弟俩的运气,且他俩真正关心的不是 Henry
的命运而是赌约能否顺利开展。随后,学生有感情地朗
读富豪兄弟的台词,立体感知人物形象,对于兄弟俩
"bored""ugly in mind""selfish"等性格的解读也水到渠
成。这些引导性问题为学生搭建了深度理解文本内容和
主题的支架,完善了知识体系,为后续的运用和表达环节
做好了铺垫。

Activity 6：Applying and Expressing

This activity is designed for Aim 4.

【实践改进六】同伴协作,生本联结,主动表达思想

**Q1：Hearing what the two brothers say，how does
Henry feel?**

Q2：Does Henry accept the letter?

**Q3：What might happen to Henry with this million
pound bank note?**

Q4：What do you think of the bet?

【改进说明六】本环节中,教师通过 Q1、Q2、Q3 的
提问,引导学生关注到 Henry 虽然感到"silly""angry"
"disappointed",但依然接受赌约的无奈。他的生活会因
为这张支票、这个赌约而发生巨大的改变。教师通过这
三个问题的铺垫,旨在引导学生深刻感知赌约背后传递
的思想。学生对 Q4 的回答有："I think the bet is crazy.
They have too much money for the bet.""It is
meaningless because it is just the rich men's way of

spending their time. " "It is useful to change the poor man's life but just a game for the rich. " "It can be very harmful. A poor man's life will be totally changed by the bet. " "It is a game of the rich but an adventure of the poor. " 学生能够基于自己的理解深刻表达主题意义，感知在这堂阅读课中获得的意义增值。

五、结论与共识

课题组教师经过多次的课堂观察和实践改进，在活动设计和活动实施中，通过不同的路径，促使学生主动参与课堂活动，进而主动学习。对此，我们达成以下几点共识：

（一）活动设计的有效性

课题组通过实践和反思，认为教师需要转变观念，从"教的视角"转向学生"学的视角"，从"学生被动地学，教师被动地教"转向"为了学生主动地学"而"主动地教"。同时，教师也应在阅读的不同阶段有意识地促进学生主动参与课堂活动。高中英语阅读课堂大致包括激活与关联、提问与释疑、整合与建构、运用与表达这四个主要活动类型。活动设计的有效性在于关联学生的不同需求。激活与关联活动的设计需围绕学生的已有知识、学习兴趣和实际生活，例如，几次教学实践中学生对于活动剧照的注意力均较为集中，参与兴趣浓厚。提问与释疑活动需基于学生自身的认知冲突、阅读期待和个人体验，例如，在实践改进三中，课题组引导学生体验兄弟角色进而预测问题，学生生成的预测性问题比初次实践丰富得多，基本涵盖了文本中的细节。此外，教师示范性引领能够促进学生产生并维持参与活动的信心,从而提高主动参与活动的可能性,例如,无论是初次实践中教师对于第一轮提问的示范,还是实践改进一中教师对于文本特殊结构的示范,均对学生独立作答起到了引领作用,使指令更易理解,使学生参与更加主动。整合与建构阶段需提供引导性问题、适合的可视化工具和示范性引领,例如,在实践改进四中,学生借助 Henry 的个人信息表、"bet"要点图,更好地结构化已读信息,提高了知识的迁移度。再如实践改进五中,学生借助三个引导性问题深度理解文本内容和主题,完善知识体系。运用与表达阶段需借助问题情境、表达支架和生本联结,例如,实践改进六中,学生基于自己的理解表达主题意义,实现意义增值。这些在实践改进中所运用到的具体策略既是对课题组在初次尝试中所思所想的继承与发展,更是对促进学生主动参与策略的提升与完善。

(二)课堂环境的支持性

在教学实践中,课题组成员体会到教师在教学活动实施过程中积极构建促进学生主动参与的阅读课堂环境的必要性。充分时间是保障,学生需要充分的阅读时间、思考时间、候答时间来从容地生成和表达。有效评价是动力,教师记录学生课堂生成而不是提供预设答案、提供学生个性化展示的机会,能够有效激发学生积极参与阅读理解和表达活动,实践改进一和实践改进三中学生生成的丰富性是最好的证据。教师的协商语气、提供的选择机会和给予的个体关注以及多维的互动方式均是支持条件,能降低学生的参与焦虑,做到"能表达、敢表达、乐表达"。

总之,在促进学生主动参与课堂活动的路上,我们应该借助实践与反思，加强对活动设计和活动实施的研究，关注活动参与的广泛性、层次性、有效性，营造促进学生主动参与的课堂环境，满足学生的安全、尊重、归属、价值需求，真正促进学生主动学习。

第五章

研究思考

▶▶▶

本研究从高中英语阅读课堂中学生参与活动主动性欠缺的现象入手，详细分析了教师在设计和实施活动方面存在的主要问题，重点探索了阅读课堂中激活与关联、提问与释疑、整合与建构以及运用与表达等主要活动的设计路径，提出了充分时间、教师支持、多维互动以及有效评价等活动实施路径，以达到促进学生主动参与课堂活动、主动建构意义从而主动学习的目的。这些活动设计和实施的路径对于一线教师改进阅读教学具有现实的指导意义。

一、体验与收获

（一）教师更加关注活动与学生之间的关联度

如果新知识与学习者熟悉的内容有联系，学习过程就不会很困难（利特儿，2010:15）。他们也会更主动地学

> 当活动与学生熟悉的事物或事件相关时，从心理上来说，他们会更自信，也会更放松；从认知上来说，会更有利于他们将活动中获取的新知识与已有知识进行关联。

习。因此，当活动与学生熟悉的事物或事件相关时，从心理上来说，他们会更自信，也会更放松；从认知上来说，他们更容易"有话可说"，也更有利于他们将活动中获取的新知识与已有知识进行关联，主动建构意义。而这些优势具体表现在行为上就是学生的主动参与。同时，如果教师能够基于学情及课堂反应来确定或动态调整活动难度，学生也会更积极地参与到课堂中。

（二）教师更加关注活动内容及形式的自主性

活动内容和形式的自主性主要体现在课堂的提问、

> 活动内容和形式的自主性主要体现在课堂的提问、支架的设计以及活动的实施上。

支架的设计以及活动的实施上。在研究过程中，课题组成员尝试引导学生开展多种形式的提问，从一轮自主提问到二轮自主提问，从单纯的向文本提问到向教师和同伴的多元提问。这种没有标准答案、尊重学生阅读体验的活动大大增加了学生参与活动的自主性。在支架的设计上，成员们减少预设，多次尝试基于学生的自主提问和回答来动态生成个性化的思维导图，这样的支架充分体现了学生的思维。活动的实施过程中，成员们给予学生选择权，如自主选择同伴的问题回答，自主选择不同的信息或知识结构图来梳理和整合语篇信息和概念等。

活动内容及形式上的自主性大大提升了学生参与活

动的广泛度以及在课堂上的体验感，让他们的尊重需求
和归属需求得到满足，产生被尊重感和对课堂以及集体
的归属感，同时开放性的活动内容也能让学生体会到更
多的满足感和成就感。

（三）教师更加关注活动实施过程中的安全感

在研究的过程中，我们发现，教师的身体语言、课堂
话语、评价方式会极大地影响学生在课堂上的感受。在
日常课堂中，有些教师仍然把自己当成课堂的"掌控者"，
身体语言和课堂话语往往表现出压迫感，让学生不敢或
者不愿主动参与活动。一方面，在学生回答问题或者表
达观点时，他们或打断、或驳斥、或催促、或皱眉，导致学
生参与活动的体验感不佳。另一方面，部分教师不注重
对学生活动表现的评价，让很多学生对自己的回答或表
现产生疑问，影响后续参与活动的主动性和自信心。因
此，越来越多的教师开始重视课堂上自身的行为和语言，
如面部的微笑、协商的语气以及评价的多元化等，也越来
越关注学生在课堂上的体验和情绪，能够根据学生参与
活动时的表现来动态调整活动实施的方式以及思考、讨
论的时间等，很好地满足了学生的安全需求。

以上三个改变充分体现了学生作为学习主体的地
位。他们从教师预设的接受者变成了活动的主体。教师
更加关注学生在课堂
上的体验感，开始从
他们的需求入手来设
计和实施活动，这在
很大程度上促进了学
生主动参与阅读课堂活动。

> 教师更加关注学生在课堂上的体验感，开始从他们的需求入手来设计和实施活动。

二、过程与感悟

每一次相聚必有所得。每次活动中，文献的共享、观点的碰撞、情感的互动都成了促进知识交流、思维拓展与情感联结的重要纽带，为我们带来了丰富的体验与深刻的收获。成员们不仅获得了知识，丰富了经历，也收获了深厚的友情。

每一个任务皆有成长。在研究过程中，我们每位成员都要轮流承担活动的任务，包括文献综述、上课、说课、评课、课题进展汇报等。每次任务都采用"一位成员主导，其余成员协同参与"的方式，很好地实现了知识共享和能力共进。同时，轮流承担任务的方式也有利于成员的全面发展，既学会了如何阅读文献和提炼观点，又能够掌握上课、说课和评课的技巧和方法。而葛炳芳老师在每次的任务完成后都会进行点评和指导，为我们下一次任务的提升指明方向。例如，在他的指导下，我们的文献综述从单纯地复制、摘录文献内容变成了提炼对子课题阶段性观点的支撑依据，做到了葛老师提出的"综大于述"的要求。说课也经历了从综合性到慢慢聚焦的过程，与子课题的关联越来越紧密。

每一段实践定有反思。反思是内化活动所学的关键步骤，是推动课题组研究前进的重要动力，更是促进成员个人成长的有力手段。首先，我们会基于纵向和横向的对比来反思自己主任务的完成情况，复盘得与失；其次，我们会依托两节课堂实践以及三个说课展示来反思自身的教学设计，改进课堂活动的设计与实施；最后，我们会在葛老师的总结和指导中反思课题研究的方向和过程，完成阶段性总结。每次的反思都会在规定日期前交给葛老师,并在全组分享。阅读这些反思时,我们可以看到各组研究的不断深化、思维深度和广度的持续推进、观点的逐步形成,满满的成就感和自豪感油然而生。

在整个研究过程中,我们在文献阅读、教学设计及课堂实践中共情,在合作交流、评课议课中共享,在个人及小组反思中共生,最终实现教师个体及所有成员的共同成长。

> 我们在文献阅读、教学设计及课堂实践中共情,在合作交流、评课议课中共享,在个人及小组反思中共生,最终实现教师个体及所有成员的共同成长。

三、后续研究启示

我们课题研究的意义在于解决实际问题,促进课堂转型,推动课标落地。在研究的过程中,我们扎根一线课堂,从中发现问题并尝试改进;我们学习理论知识,从中获得解决问题的思路;我们提炼改进策略,以期为其他教师提供一个可迁移运用的模型和框架。从几个人,到一群人,我们努力扩大课题研究的影响,尽力改变普通教师的意识和行为,实现将研究成果真正用于实践。

在研究的初期和中期,我们暴露出很多问题,其中一部分在研究结束的时候有了答案,还有一些问题仍留待后续研究解决。例如,如何量化学生参与活动的效果?如何帮助不同层次水平的学生,尤其是低层次水平的学生,实现主动学习?活动设计的时候如何平衡教师预设和学生生成以最大限度地促进学生主动学习?在活动自主性较大的情况下如何保证课堂目标的有效实现?课堂上如何更好地平衡教师和学生的角色?

　　在研究的过程中我们提炼了许多促进学生主动参与阅读课堂活动的策略，有些是与激发和维持学生动机有关的，有些是与课堂支持有关的，但在本书中，由于水平和篇幅的限制，我们未能将所有策略整合成一个框架或者模型，希望在未来的研究中能够不断完善、不断改进，努力探索更好的能够促进学生主动参与阅读课堂活动的教学模型。

参考文献

>>>

[1] Fisher D, Frey N. 2021. Better Learning Through Structured Teaching: A Framework for the Gradual Release of Responsibility (3rd edn.) [M]. Alexandria, VA: ASCD.

[2] Gunduz N, Hursen C. 2015. Constructivism in teaching and learning; content analysis evaluation [J]. Procedia - Social and Behavioral Sciences, 191:526-533.

[3] Harmin M, Toth M. 2006. Inspiring Active Learning: A Complete Handbook for Today's Teachers (expanded 2nd edn.) [M]. Alexandria, Virginia USA: ASCD.

[4] Keller J M. 1987. Development and use of the ARCS model of instructional design [J]. Journal of Instructional Development, 3: 2-10.

[5] Lombardi D, Shipley T F. 2021. The curious construct of active learning [J]. Psychological Science in the Public Interest, 1: 8-43.

[6] Maslow A H. 1943. A theory of human motivation [J]. Psychological Review, 50: 370-396.

[7] Meyer B, Haywood N, Sachdev D & Faraday S. 2008. Independent Learning: Literature Review. Research Report DCSF-RR051 [R].

主动学习视阈下的英语阅读教学：活动参与

Department for Children，Schools and Families．Learning and Skills Network，DCSF Publications，Nottingham．

［8］Montalvo F T，Torres M C．2004．Self-regulated learning：Current and future directions ［J］．Electronic Journal of Research in Educational Psychology，2(1)：1-34．

［9］Pica T．1994．Research on Negotiation：What does it reveal about second language learning conditions，processes and outcomes? ［J］．Language Learning，3：493-527．

［10］陈瑶．2023．阅读教学中利用认知冲突培养学生批判性思维的实践［J］．中小学外语教学(中学篇)，6；18-23．

［11］陈永芳，龚晓灵，陈小燕，孙志成．2013．英语阅读教学中的策略培养：体验与提升［M］．杭州：浙江大学出版社．

［12］程晓堂，周宇轩．2023．主题、话题、主题意义概念辨析［J］．中小学外语教学(中学篇)，6：1-5．

［13］葛炳芳．2013．英语阅读教学的综合视野：内容、思维和语言［M］．杭州：浙江大学出版社．

［14］葛炳芳．2015．英语阅读教学的综合视野：理论与实践［M］．杭州：浙江大学出版社．

［15］葛炳芳．2018．英语阅读教学中的读后活动：理念、策略与思考［J］．英语学习，12；5-8．

［16］葛炳芳．2021．抓住外语阅读教学的重要变量［N］．中国教育报，2021-12-23（2）．

［17］葛炳芳．2023．回归课堂：以自主学习撬动英语课堂教学改进［J］．教学月刊·中学版(外语教学)，1-2；3-9．

［18］葛炳芳．2024．促进学生主动学习的英语阅读教学：内涵、活动设计要点及思考［J］．教学月刊·中学版(外语教学)，1-2；51-57．

［19］洪燕茹．2023．基于主线问题的高中英语自主阅读教学策略探究［J］．英语学习，5；5-9．

［20］洪燕茹．2024．促进学生主动学习的交互式英语阅读教学策略探究［J］．教学月刊·中学版(外语教学)，4；15-22．

［21］黄远振，兰春寿，黄睿．2014．为思而教：英语教育价值取向及实施策略［J］．课程·教材·教法，34/4；63-69．

[22] 利特尔. 2010. 自主学习方法与途径 [M]. 邱永忠,林云,江琴,译. 福州: 福建教育出版社.

[23] 梁美珍,黄海丽,於晨、陈一军. 2013. 英语阅读教学中的问题设计:评判性阅读视角 [M]. 杭州:浙江大学出版社.

[24] 林崇德,胡卫平. 2010. 思维型课堂教学的理论与实践 [J]. 北京师范大学学报(社会科学版),1:29-36.

[25] 楼优奇,葛炳芳. 2023. 多维度选材创情境,有梯度试题重思维——2023年高考英语新课标 I 卷评析 [J]. 教学月刊·中学版(外语教学),7: 98-104.

[26] 卢雪峰. 2022. 借助思维可视化工具建构结构化知识的实践研究:以叙事类文体为例 [J]. 中小学英语教学与研究,12:41-45.

[27] 马瑾辰. 2022. 基于综合视野的自主阅读课堂教学基本特征 [J]. 中小学英语教学与研究,5:10-14.

[28] 钱剑英,徐钰,杨新辉,张弘,汪丹. 2015. 英语阅读教学中的信息加工:提取与整合 [M]. 杭州:浙江大学出版社.

[29] 宋颖超. 2024. 主动学习视域下学生英语阅读自主提问能力的培养策略 [J]. 教学月刊·中学版(外语教学),1/2:58-64.

[30] 王文伟. 2023. 建构主义视角下促进学生参与意义建构的策略探究 [J]. 中小学外语教学(中学篇),12:1-7.

[31] 王怡武,张存. 2014. 如何在高中英语阅读教学中激发学生的阅读期待 [J]. 基础教育外语教学研究,11:58-61.

[32] 文涛. 2002. 论有效的课堂小组合作学习 [J]. 教育理论与实践,12: 53-56.

[33] 翁光明. 2006. 阅读期待:阅读教学的"助推器" [J]. 上海教育科研,2:86-87.

[34] 姚彬. 2015. 高中英语阅读教学中主线问题的设计与思考 [J]. 英语学习,8:44-49.

[35] 余文森. 2014.发展性教学评价的几个特性[J].上海教育科研,10:卷首语.

[36] 张金秀. 2019. 主题意义探究引领下的中学英语单元教学策略 [J]. 中小学外语教学(中学篇),7:1-6.

[37] 赵飞,邹为诚. 2009. 互动假说的理论建构 [J]. 外语教学理论与实践,2:

78-87.

[38] 赵国庆,熊雅雯,王晓玲. 2018. 思维发展型课堂的概念、要素与设计 [J]. 中国电化教育,7:7-15.

[39] 钟启泉. 2010. "课堂互动"研究：意蕴与课题 [J]. 教育研究,31/10：73-80.

[40] 中华人民共和国教育部. 2020. 普通高中英语课程标准(2017 年版 2020 年修订)[M]. 北京：人民教育出版社.

[41] 中华人民共和国教育部,国家语言文字工作委员会. 2024. 中国英语能力等级量表 GF0018—2024 [S]. 上海：上海外语教育出版社.